German Wordpack

OXFORD
UNIVERSITY PRESS

OXFORD

UNIVERSITY PRESS

Great Clarendon Street, Oxford OX2 6DP

Oxford University Press is a department of the University of Oxford.
It furthers the University's objective of excellence in research, scholarship,
and education by publishing worldwide in

Oxford New York

Athens Auckland Bangkok Bogotá Buenos Aires Calcutta
Cape Town Chennai Dar es Salaam Delhi Florence Hong Kong Istanbul
Karachi Kuala Lumpur Madrid Melbourne Mexico City Mumbai
Nairobi Paris São Paulo Singapore Taipei Tokyo Toronto Warsaw

with associated companies in Berlin Ibadan

Oxford is a registered trade mark of Oxford University Press
in the UK and in certain other countries

Published in the United States
by Oxford University Press Inc., New York

British Library Cataloguing in Publication Data

Data available

Library of Congress Cataloging in Publication Data

Data available

ISBN 0-19-860336-3

1 3 5 7 9 10 8 6 4 2

Typeset by The Read Setter, Osney, Oxford
Printed in Great Britain by
Mackays of Chatham plc, Kent

Contributors

Editors	Susan Wilkin
	Cornelia Schnelle
Editorial Manager	Valerie Grundy
Language in Action	Eva Vennebusch
Consultant	Ana Cristina Llompart
Proofreader	Sibylle Plassmann
Text Management	ELLA Associates Ltd.

Contents

Introduction. 6

People and their homes

1 People 1: personal details 8
2 People 2: family & friends 10
3 People 3: appearance 12
4 People 4: character & mood 14
5 People 5: socializing 16
6 Home 1: the house & flat 18
7 Home 2: the living room 20
8 Home 3: the dining room 22
9 Home 4: the kitchen. 24
10 Home 5: housework 26
11 Home 6: cooking 28
12 Home 7: bedroom & bathroom 30
13 Home 8: garden, pets, insects. 32
14 Home 9: celebrating. 34
15 Time expressions 36

The everyday world

16 Shopping 1: shops 38
17 Shopping 2: clothes 40
18 Shopping 3: accessories & make-up. 42
19 Shopping 4: groceries 44
20 Shopping 5: fruit & vegetables. 46
21 Shopping 6: meat, fish, dairy, bread 48
22 Shopping 7: DIY 50
23 The media 1: television, radio, music. 52
24 The media 2: cinema, theatre, disco 54
25 The media 3: the press & books 56
26 Leisure 1: making music. 58
27 Leisure 2: games & pastimes. 60
28 Leisure 3: eating out. 62
29 In town 1: buildings 64
30 In town 2: in the street. 66
31 In town 3: banks & post offices 68
32 Transport 1: means of transport 70
33 Transport 2: parts of vehicles. 72
34 The countryside & farm animals. 74
35 Wild animals & birds. 76
36 Flowers & trees 78

37 Sport 1: playing a sport 80
38 Sport 2: spectator sport 82
39 Health 1: fitness & diet. 84
40 Health 2: illness & accident 86
41 Health 3: hospitals & doctors 88
42 Health 4: pharmacies & medicines. 90
43 Education 1 92
44 Education 2 94
45 Work 1: looking for a job 96
46 Work 2: jobs & professions 98
47 Work 3: the office 100
48 Work 4: information technology. 102
49 Work 5: factories & shops 104

The world at large

50 Countries & continents 106
51 Nationalities & religions. 108
52 Types of industry. 110
53 Business & finance 112
54 The Internet. 114
55 Travel 1: holidays & booking. 116
56 Travel 2: travelling. 118
57 Travel 3: the sea. 120
58 Travel 4: walking & camping. 122
59 Travel 5: winter sports 124
60 Environment 1: weather & climate. 126
61 Environment 2: natural features 128
62 Environment 3: ecology 130
63 Social issues 132
64 Politics & current affairs 134
65 Crime & policing. 136

Quick Reference

Numbers 138
Dates, days, months, seasons 139
Colours. 141
Materials. 142
Weights, measures, sizes 144
Useful verbs 145
Useful adjectives 150
Useful adverbs, prepositions, etc. 155

Introduction

This book has been designed to function as a lively and accessible tool for anyone with an interest in expanding their knowledge of German. It provides the words and phrases necessary to everyday communication in a wide variety of contexts, so that not only teachers and students, but also people visiting or working in German-speaking environments, will find it an ideal reference companion. There are 65 topic sections, each of which has been created to provide a window into how German is used to talk about a particular real-life situation.

The topic areas are arranged so as to move outwards from people, relationships, and domestic surroundings, through everyday life, work and leisure, into the world at large. Each separate topic is presented on a double-page spread and has its own number and title, making for easy identification of the area of vocabulary covered. Within each topic, the information is ordered according to type of word, so as to provide a clear structure for vocabulary learning. Similarly, within word types, the words and phrases are grouped to reflect relationships in the real world, rather than as alphabetical lists.

Where appropriate, topic sections contain unique *Language in Action* features. These are examples of everyday German as used by native speakers of the language, reflecting the language area. They range from dialogues and sketches to newspaper articles, reviews, and advertisements. The aim is to draw language-learners into a variety of linguistic contexts, such as they might encounter in a German-speaking environment, and to encourage intuitive assimilation of sentence structure and idiom, as well as reinforcing vocabulary learning.

The *Language in Action* sections can be used both in a teaching situation and for self-study. Teachers will find them invaluable in several ways, not least as a basis for teaching issues beyond pure vocabulary, such as grammar, idiomatic expression, and cultural contrasts. Many of them will provide models for active production of German, including group work, role-playing, and written work. They can play an important role in developing communication skills and confidence. Self-learners will find it exciting and rewarding to use them alongside a bilingual dictionary and/or a language course to expand their knowledge of the language and culture.

How to use this book

Use the Contents section to identify the subject area and topic that you are interested in. Alongside the title of the topic, you will find the topic number. These are shown clearly, along with the title, on each left-hand page throughout the main part of the book. Each is also shown in a vertical strip on the right-hand page, for extra-easy look-up. The layout of the pages has been designed to be as clear, open, and accessible as possible. We hope that users will enjoy exploring them. After the the 65 topic areas, there is a *Quick Reference* section showing vocabulary and phrases for numbers, dates, days of the week, months, seasons, materials, colours, weights, measures, and sizes, followed by useful verbs, adjectives, adverbs, and prepositions.

Throughout the book, plural forms are shown in brackets after nouns. Feminine forms of nouns such as names of professions are shown as follows: *der Lehrer/die ~in.*

Abbreviations and symbols

(pl)	plural
(US)	American
™	trade mark
*	informal

der Mann (¨er)	man
die Frau (en)	woman
das Kind (er)	child
der Junge (n)	boy
das Mädchen (-)	girl
das Baby (s)	baby
der Teenager (-)	teenager
der Herr (en)	gentleman
die Dame (n)	lady
der/die Erwachsene (n)	adult
die Leute (*pl*)	people
der Name (n)	name
der Vorname (n)	first name
der Nachname/der Familienname (n)	surname
der Spitzname (n)	nickname
die Unterschrift (en)	signature
das Alter	age
der Geburtstag (e)	birthday
das Datum (Daten)	date
der Monat (e)	month
das Jahr (e)	year
das Geburtsdatum (-daten)	date of birth
der Geburtsort (e)	place of birth
die Staatsangehörigkeit/die Nationalität (en)	nationality
das Geburtsland (¨er)	country of birth
der Wohnort (e)	place of residence
die Adresse (n)	address
die Straße (n)	street
die Postleitzahl (en)	postcode, zip code
die Stadt (¨e)	town/city
die Faxnummer (n)	fax number
die Telefonnummer (n)	telephone number
die E-Mail-Adresse (n)	email address
der Familienstand	marital status
der Geschiedene (n)	divorced man
die Geschiedene (n)	divorced woman
der Witwer (-)	widower
die Witwe (n)	widow

das Geschlecht (er)	*sex*
die Größe (n)	*height/size*
die Augenfarbe (n)	*colour of eyes*
der Personalausweis (e)	*identity card*
der Reisepass ("e)	*passport*
die Behörde (n)	*authority*
das Leben	*life*
adoptiert	*adopted*
unverheiratet	*single*
verlobt	*engaged*
verheiratet	*married*
getrennt lebend	*separated*
geschieden	*divorced*
gültig	*valid*
bis	*until*
haben	*to have*
sein	*to be*
heißen	*to be called*
kommen (aus)	*to come (from)*
wohnen (in)	*to live (in/at)*
geboren werden	*to be born*
heiraten	*to marry/get married*
leben	*to live*
sterben	*to die*
ablaufen	*to expire*
gültig bis	*valid until*
ich heiße Christine	*my name is Christine*
ich bin dreiundzwanzig Jahre alt	*I'm twenty-three*
ich wohne in Bonn	*I live in Bonn*
ich komme aus Mannheim	*I come from Mannheim*
ich wurde in Mannheim geboren	*I was born in Mannheim*
ein alleinstehender Vater	*a single father*
eine alleinstehende Mutter	*a single mother*
ich bin alleinstehend/ich bin Single	*I'm single*
ich bin verheiratet	*I'm married*
wir leben getrennt	*we're separated*

die Familie (n)	*family*
der Mann ("er)	*husband*
die Frau (en)	*wife*
der Vater (˙˙)	*father*
der Papa/Papi/Vati (s/s/s)	*dad, daddy*
die Mutter (˙˙)	*mother*
die Mami/Mutti (s/s)	*mum, mummy*
das Kind (er)	*child*
der Sohn ("e)	*son*
die Tochter (˙˙)	*daughter*
der Bruder (˙˙)	*brother*
die Schwester (n)	*sister*
die Geschwister (*pl*)	*brothers and sisters*
der Halbbruder (˙˙)	*half-brother*
die Halbschwester (n)	*half-sister*
die Großeltern (*pl*)	*grandparents*
der Großvater (˙˙)	*grandfather*
der Opa (s)	*grandad, grandpa*
die Großmutter (˙˙)	*grandmother*
die Oma (s)	*granny, grandma*
das Enkelkind (er)	*grandchild*
der Enkel (-)	*grandson*
die Enkelin (nen)	*granddaughter*
die Urenkelkinder (*pl*)	*great-grandchildren*
der Neffe (n)	*nephew*
die Nichte (n)	*niece*
der Onkel (-)	*uncle*
die Tante (n)	*aunt*
der Vetter (n)	*cousin (male)*
die Kusine (n)	*cousin (female)*
die Schwiegermutter (˙˙)	*mother-in-law*
der Schwiegervater (˙˙)	*father-in-law*
der Schwager (˙˙)	*brother-in-law*
die Schwägerin (nen)	*sister-in-law*
der Schwiegersohn ("e)	*son-in-law*
die Schwiegertochter (˙˙)	*daughter-in-law*
der Freund (e)	*(boy)friend*
die Freundin (nen)	*(girl)friend*
der Nachbar/die ~in (n/nen)	*neighbour*

alt	*old*
jung	*young*
allein	*alone*
verheiratet	*married*
ledig	*single*
verlobt	*engaged*
zusammen	*together*
mit	*with*
süß	*sweet*
eifersüchtig	*jealous*
sich kümmern um	*to look after*
mögen	*to like*
lieben	*to love*
hassen	*to hate*
zeigen	*to show*
meine ältere Schwester	*my elder sister*
der älteste Sohn	*the eldest son*
er ist jünger/älter als ich	*he's younger/older than me*
jung/alt aussehen	*to look young/old*
jemanden lieb haben	*to be fond of someone*
sich mit jemandem (gut) verstehen	*to get on (well) with someone*
im Grunde	*basically*
ein paar	*a few*
ein bisschen	*a little, a bit*
zeig mal!	*show me/us*

Language in action

- Schau mal, ich habe hier ein paar Familienfotos von meiner Schwester Anna.
- Oh, zeig mal! Das ist deine Schwester? Die sieht aber jung aus!
- Nein, das ist meine Kusine Julia. Das ist meine Schwester, dort neben meiner Mutter. Und das ist ihr Mann, mein Schwager, mit seinen Eltern.
- Und diese beiden?
- Das sind meine Brüder Daniel und Florian. Daniel ist älter als ich und Florian ist zwei Jahre jünger als ich.
- Und diese ältere Dame?
- Das ist die Schwiegermutter von meiner Schwester. Und das Baby, das sie auf dem Arm hat, ist mein Neffe Jan. Wenn meine Schwester bei der Arbeit ist, kümmern sich die Großeltern um den Kleinen.
- Der sieht aber süß aus! Hat er noch Geschwister?
- Er hat eine Schwester, sie heißt Katrin. Sie ist ein bisschen eifersüchtig auf ihren kleinen Bruder, aber im Grunde hat sie ihn sehr lieb.
- Ja, das ist oft so!

3 People 3: appearance

das Gesicht (er)	face
die Stirn (en)	forehead
die Haare (pl)	hair
der Mund (¨er)	mouth
die Lippen (pl)	lips
die Zähne (pl)	teeth
die Nase (n)	nose
die Wange (n)	cheek
das Kinn (e)	chin
der Teint (s)	complexion
das Ohr (en)	ear
das Auge (n)	eye
die Augenbraue (n)	eyebrow
die Wimpern (pl)	eyelashes
der Bart (¨e)	beard
der Schnurrbart (¨e)	moustache
die Brille (n)	(pair of) glasses
der Kopf (¨e)	head
der Hals (¨e)	neck
der Arm (e)	arm
der Ellbogen (-)	elbow
die Hand (¨e)	hand
der Finger (-)	finger
der Nagel (¨)	nail
die Taille (n)	waist
das Bein (e)	leg
die Hüfte (n)	hip
das Knie (-)	knee
der Fuß (¨e)	foot
der Knöchel (-)	ankle
die Größe (n)	height
alt	old
jung	young
groß	tall/big
klein	short/small
schlank	slim
dünn	thin
mager	skinny
mollig/rundlich	plump
hübsch	pretty

schön	*beautiful*
gut aussehend	*good-looking*
braun (gebrannt)	*suntanned*
blau	*blue*
grau	*grey*
grün	*green*
braun	*brown*
blond	*blond/fair-haired*
rot	*red*
schwarz	*black*
hell	*light*
dunkel	*dark*
dunkelhaarig	*dark/dark-haired*
lang	*long*
kurz	*short*
lockig	*curly*
wellig	*wavy*
kennen	*to know (a person/place)*
beschreiben	*to describe*
ähneln	*to resemble*
sich ähnlich sehen	*to look alike*
tragen	*to wear*
bewundern	*to admire*
jemanden kennen lernen	*to meet/get to know someone*
jemandem ähnlich sein	*to look like somebody*
wie sieht er/sie aus?	*what does he/she look like?*
ich glaube, dass er zu mager ist	*I think he's too thin*
ich glaube nicht	*I don't think so*
sie ist größer als ihr Bruder	*she's taller than her brother*
er ähnelt seiner Mutter	*he looks like his mother*
die beiden Schwestern sehen sich ähnlich	*the two sisters look alike*

Language in action

- Gestern habe ich den Max gesehen.
- Wer ist das denn?
- Der jüngere Bruder von Dominik. Kennst du ihn?
- Ich glaube nicht. Wie sieht er denn aus?
- Er ist sehr groß, hat braune Haare und blaue Augen.
- Trägt er einen Bart?
- Nein, das ist Dominik. Max trägt eine Brille und ist vom Urlaub noch ganz braun gebrannt - ich finde, er sieht richtig gut aus!

das Selbstvertrauen	*self-confidence*
der Humor	*sense of humour*
die Intelligenz	*intelligence*
die Freundlichkeit	*friendliness*
die Großzügigkeit	*generosity*
die Hoffnung (en)	*hope*
die Begeisterung	*enthusiasm*
der Charme	*charm*
das Interesse (n)	*interest*
die Liebe	*love*
die Phantasie	*imagination*
der Stolz	*pride*
die Sorge (n)	*worry*
die Eifersucht	*jealousy*
die Faulheit	*laziness*
die Selbstsucht	*selfishness*

nett	*kind, nice*
angenehm	*pleasant*
freundlich	*friendly*
reizend	*charming*
amüsant	*amusing*
lustig	*funny*
interessant	*interesting*
artig	*well-behaved*
höflich	*polite*
ehrlich	*honest*
entgegenkommend	*obliging*
ernst	*serious*
fleißig	*hardworking*
klug	*clever*
geschickt	*skilful, clever*
begabt	*gifted*
ruhig	*calm*
aktiv	*active*
sportlich	*sporty*
zerstreut	*absent-minded*
nervös	*nervous*
schüchtern	*shy*
sonderbar	*odd*
blöd	*stupid*
faul	*lazy*
gehässig	*spiteful*
nachlässig	*careless*

ungeschickt	*clumsy*
unangenehm	*unpleasant*
unerträglich	*unbearable*
unhöflich	*rude, impolite*
launisch	*moody*
stur	*stubborn*
seltsam	*strange*
verrückt	*mad, crazy*
verwöhnt	*spoiled*
reich	*rich*
arm	*poor*
glücklich	*happy*
erfreut	*pleased, happy*
hocherfreut	*delighted*
aufgeregt	*excited*
verliebt	*in love*
unglücklich	*unhappy*
traurig	*sad*
besorgt	*worried*
deprimiert	*depressed*
enttäuscht	*disappointed*
empört	*outraged*
ärgerlich	*angry, annoyed*
wütend	*furious*
eifersüchtig	*jealous*
hoffen	*to hope*
tun können	*to be able to do*
wissen	*to know*
wollen	*to want*
wünschen	*to wish*
aussehen	*to look*
Angst (vor etwas) haben	*to be afraid (of something)*
gute/schlechte Laune haben	*to be in a good/bad mood*
auf jemanden böse sein	*to be angry with someone*
(von etwas) beeindruckt sein	*to be impressed (by something)*
sich Sorgen machen (um)	*to be worried (about)*
du siehst müde aus	*you look tired*
sie kann Klavier spielen	*she can play the piano*

sprechen	*to speak*
quatschen*	*to chat*
schwätzen	*to chatter*
fragen	*to ask*
antworten	*to answer, reply*
diskutieren/besprechen	*to discuss*
sich entschuldigen	*to apologize*
sich erinnern (an)	*to remember*
vergessen	*to forget*
sich amüsieren	*to enjoy oneself*
einladen	*to invite*
treffen	*to meet*
sich ändern	*to change*
heute	*today*
morgen	*tomorrow*
gestern	*yesterday*
vielleicht	*perhaps*
manchmal	*sometimes*
nie/niemals	*never*
bitte	*please*
danke (sehr)	*thank you (very much)*
bitte (sehr)	*you're welcome*
Entschuldigung!	*excuse me!/sorry!*
(es) tut mir Leid	*I'm sorry*
schon gut	*it's all right*
(es) macht nichts	*it doesn't matter*
das ist schade	*that's a pity*
mach dir keine Gedanken	*don't worry*
guten Morgen	*hello, good morning*
guten Tag	*hello, good morning/ afternoon*
guten Abend	*hello, good evening*
hallo!	*hi!/hello!*
auf Wiedersehen!	*goodbye!*
tschüss!	*see you!*
viel Spaß!	*have a good time!*
viel Glück!	*good luck!*
herzlichen Glückwunsch zum Geburtstag!	*happy birthday!*
ein frohes neues Jahr!	*happy New Year!*
frohe Weihnachten!	*happy Christmas!*
frohe Ostern!	*happy Easter!*
wie geht es dir/Ihnen?	*how are you?*
wie geht's?*	*how are you?*

danke, gut	fine, thanks
kennst du/kennen Sie...?	have you met...?
freut mich!	pleased to meet you
bis später/bald	see you/speak to you later/soon
bis morgen	see you/speak to you tomorrow
bis gleich	see you/speak to you in a minute
mit jemandem verabredet sein	to have arranged to meet someone
mit jemandem übereinstimmen	to agree with someone
eine Frage stellen	to ask a question
alles klar!	that's fine!
ich bin der gleichen Meinung	I agree
da bin ich anderer Meinung	I don't agree
es macht mir nichts aus	I don't mind
ich glaube schon	I think so
ich glaube nicht	I don't think so
ich weiß nicht	I don't know
das würde mich wundern	I'd be surprised
das ist eine Überraschung!	this is a surprise!
ich würde lieber...	I'd rather...

Language in action

K: Hallo Susanne! Das ist aber eine Überraschung! Was machst du denn hier?

S: Hallo Karin! Lange nicht gesehen! Wie geht's dir?

K: Nicht schlecht! Viel zu tun, wie immer - und dir?

S: Sehr gut - mein Leben hat sich total geändert. Ich habe eine neue Stelle und ich bin nicht mehr mit Martin zusammen.

K: Das ist aber schade. Du siehst auch ein bisschen müde aus.

S: Du, mach dir keine Gedanken, es ist wirklich besser so. Wir haben uns sowieso immer nur gestritten. Da geht es mir jetzt besser.

K: Ja, das glaube ich. Hast du Zeit, einen Kaffee trinken zu gehen und ein bisschen zu quatschen?

S: Ich glaube nicht, ich bin mit einer Freundin verabredet. Aber vielleicht können wir uns ein anderes Mal treffen?

K: Ja, das ist eine gute Idee. Hast du morgen Nachmittag Zeit?

S: Morgen kann ich leider auch nicht.

K: Macht nichts. Ich rufe dich an und wir machen was anderes aus.

S: Da ist meine Freundin schon! Karin, das ist Anke.

K: Hallo, Anke. Kennt ihr euch schon lange?

A: Ein paar Monate. Wir sind Kolleginnen. Karin hat mir schon viel von dir erzählt.

S: Wir müssen jetzt los, aber wir sprechen uns am Telefon.

K: Alles klar! Also, tschüss, bis bald!

das Einfamilienhaus (-häuser)	*detached house*
die Doppelhaushälfte (n)	*semi-detached house*
die Wohnung (en)	*flat, apartment*
die Einzimmerwohnung (en)	*bedsit, studio apartment*
der Wohnblock (¨e)	*block of flats/ apartments*
der Altbau (ten)	*old building*
der Neubau (ten)	*new building*
der Stock (Stockwerke)	*floor, storey*
das Souterrain (s)	*basement*
die Wand (¨e)	*wall*
das Dach (¨er)	*roof*
das Fenster (-)	*window*
die Tür (en)	*door*
die Terassentür (en)	*French window*
der Fensterladen (¨)	*shutter*
der Balkon (s)	*balcony*
die Terasse (n)	*terrace/patio*
der Aufzug (¨e)	*lift, elevator*
die Haustür (en)	*front door*
die Diele (n)	*entrance/hall*
der Flur (e)	*corridor, hallway*
die Treppe (n)	*(flight of) stairs*
das Treppenhaus (-häuser)	*staircase*
der Treppenabsatz (¨e)	*landing*
das Zimmer (-)	*room*
das Wohnzimmer (-)	*living room, lounge*
das Esszimmer (-)	*dining room*
das Schlafzimmer (-)	*bedroom*
das Gästezimmer (-)	*spare room*
die Küche (n)	*kitchen*
die Einbauküche (n)	*fitted kitchen*
das Badezimmer (-)	*bathroom*
die Toilette (n)	*toilet, bathroom (US)*
der Dachboden (¨)	*loft*
der Fußboden (¨)	*floor*
die Decke (n)	*ceiling*
die Zentralheizung	*central heating*
der Strom	*electricity*

das Gas	gas
der Briefkasten (·)	letter box, mailbox
der Schlüssel (-)	key
geräumig	spacious, large
winzig	tiny
modern	modern
neu	new
alt	old
möbliert	furnished
hell	light
dunkel	dark
ziemlich	quite
endlich	at last
völlig	completely, entirely
insgesamt	altogether
drinnen	inside
draußen	outside
unten	downstairs
oben	upstairs
kaufen	to buy
mieten	to rent
vermieten	to let
hinein-/hinausgehen	to go in/out
herein-/herauskommen	to come in/out
nach Hause kommen	to come home
im ersten/sechsten Stock	on the first/sixth floor
nicht mitgerechnet	not counting

Language in action

Frankfurt
7. Februar 1999
Liebe Maria!

Ich habe gute Nachrichten! Wir haben endlich das Haus unserer Träume gefunden! Es ist ziemlich groß - insgesamt sieben Zimmer, Dachboden und Keller nicht mitgerechnet. Unten ist ein großes Wohnzimmer und ein Esszimmer mit zwei Terassentüren, die auf eine kleine sonnige Terasse führen. Die Küche ist ziemlich groß und sehr hell. Sie ist voll ausgestattet und hat einen schönen Fliesenboden. Neben dem Eingang ist ein kleines, ziemlich dunkles Zimmer, das mein Arbeitszimmer werden soll. Oben ist ein großes Schlafzimmer für uns und drei andere Zimmer - eins für Jan, eins für Lisa und ein Gästezimmer. Und natürlich das Badezimmer!
Im Frühjahr laden wir dich ein!
Bis bald, viele herzliche Grüße
Deine Sophia

die Möbel (pl)	furniture
die Tapete (n)	wallpaper
der Teppichboden (¨)	(fitted) carpet
der Teppich (e)	carpet
der Läufer (-)	rug
der Stuhl (¨e)	chair
der Sessel (-)	armchair
das Sofa (s)	sofa, couch
der Hocker (-)	stool
der Tisch (e)	table
der Couchtisch (e)	coffee table
das Bücherregal (e)	bookcase
das Buch (¨er)	book
das Regal (e)	shelf/shelf unit
das Klavier (e)	piano
der Kamin (e)	fireplace
das Kaminsims (e)	mantelpiece
der Heizkörper (-)	radiator
die Fensterbank (¨e)	window sill
die Ecke (n)	corner
das Kissen (-)	cushion
der Vorhang (¨e)	curtain, drape
der Stoff (e)	fabric
die Farbe (n)	colour
die Lampe (n)	lamp
der Lampenschirm (e)	lampshade
das Bild (er)	picture/painting
der Bilderrahmen (-)	frame
der Spiegel (-)	mirror
die Uhr (en)	clock
die Zimmerpflanze (n)	houseplant
die Blume (n)	flower
die Vase (n)	vase
der Ziergegenstand (¨e)	ornament
der Aschenbecher (-)	ashtray
der Fernseher (-)	television, TV, telly
die Stereoanlage (n)	stereo
das Telefon (e)	telephone
der Anrufbeantworter (-)	answering machine

die Entscheidung (en)	decision
neu	new
alt	old
gemütlich	cosy
bequem	comfortable
toll*	fantastic, great
nah(e)	near
neben	next to
vor	in front of
hinter	behind
gegen	against
kürzlich	recently
sich entspannen	to relax
sich (hin)setzen	to sit down
aufstehen	to stand up
sich unterhalten	to chat
verändern	to change
streichen	to paint
neu streichen	to repaint
tapezieren	to wallpaper
erzählen	to tell (news, story)
setzen Sie sich doch	do sit down
glaubst du?/glauben Sie?	do you think so?
etwas machen lassen	to have something made
gut zusammen passen	to go well together
einen guten Geschmack haben	to have good taste
was gibt es Neues bei dir?	tell me your news
etwas trinken	to have a drink

Language in action

- Bei euch sieht es aber nett und gemütlich aus!
- Findest du? Wir haben in den letzten Wochen viel im Wohnzimmer verändert. Die alte Rauhfasertapete haben wir abgemacht und die Wände neu tapeziert.
- Das war eine gute Entscheidung. Und das Sofa, ist das auch neu?
- Ja, und die beiden Sessel. Die Vorhänge haben wir aus dem gleichen Stoff machen lassen, und den Teppich haben wir aus unserem letzten Urlaub in der Türkei mitgebracht. Den Couchtisch hatten wir schon, und das Regal habe ich letzte Woche gekauft. Hier in diese Ecke kommt noch eine Lampe.
- Es sieht toll aus. Die Farben passen sehr gut zusammen. Ihr habt so einen guten Geschmack!
- Setz dich doch in den Sessel dort in der Ecke, dann siehst du, wie bequem er ist.

der Tisch (e)	table
der Stuhl (¨e)	chair
die Anrichte (n)	sideboard, buffet
das Essen (-)	meal
das Frühstück (e)	breakfast
das Mittagessen (-)	lunch
das Abendessen (-)	dinner, supper
die Vorspeise (n)	starter, first course
der Hauptgang (¨e)	main course
der Nachtisch (e)	dessert
die Tischdecke (n)	tablecloth
die Serviette (n)	napkin, serviette
das Besteck (e)	cutlery
das Messer (-)	knife
die Gabel (n)	fork
der Löffel (-)	spoon
der Teelöffel (-)	teaspoon
das Geschirr	crockery, dishes
der Teller (-)	plate
die Schüssel (n)	dish
die Schale (n)	bowl
die Salatschüssel (n)	salad bowl
die Zuckerdose (n)	sugar bowl
die Tasse (n)	cup
die Kaffeetasse (n)	coffee cup
die Untertasse (n)	saucer
die Teekanne (n)	teapot
die Kaffeekanne (n)	coffee pot
das Glas (¨er)	glass
das Salz	salt
der Pfeffer	pepper
der Untersetzer (-)	mat (for hot dish)
der Krug (¨e)	jug
die Flasche (n)	bottle
der Brotkorb (¨e)	bread basket
die Kerze (n)	candle
der Kerzenständer (-)	candlestick
schnell	quickly
langsam	slowly

essen	to eat
trinken	to drink
frühstücken	to have breakfast
zu Mittag/Abend essen	to have lunch/supper
servieren	to serve
bringen	to bring
stellen	to put
nehmen	to take
wegnehmen	to take off/away
anfangen	to start, begin
vor	before
nach	after
dabei sein etwas zu tun	to be doing something
gerade etwas getan haben	to have just done something
anfangen etwas zu tun	to start doing something
mit etwas fertig sein	to have finished doing something
Essen machen	to make lunch/dinner
das Essen ist fertig	the meal's ready
den Tisch decken	to set the table
den Tisch abräumen	to clear the table
sich an den Tisch setzen	to sit down to eat
guten Appetit!	enjoy your meal!
sich etwas nehmen	to help oneself to something
nimm dir Gemüse!	help yourself to vegetables!
jmdm etwas reichen	to pass something to someone
sie sind noch nicht fertig mit dem Essen	they haven't finished eating yet

Language in action

- Kinder, kommt! Das Mittagessen ist fertig! Setzt euch an den Tisch!
- Wer hat den Tisch gedeckt? Wir brauchen noch Servietten.
- Anna hat den Tisch gedeckt, wie immer.
- Anna, hol bitte die Servietten aus der Anrichte. Mario, bringst du die Salatschüssel aus der Küche mit? Lukas, kannst du die Kerzen anzünden? So, jetzt ist alles fertig. Guten Appetit!
- Mama, ich mag keinen Blumenkohl.
- Wer sein Gemüse nicht isst, bekommt auch keinen Nachtisch!
- Kannst du mir bitte die Soße geben?
- Bitte, hier ist sie. Und nimm dir auch Fleisch!
- Ich mag kein Fleisch.
- Ihr esst, was auf dem Tisch steht. Wir sind doch hier nicht im Restaurant!

der E-Herd/der Gasherd (e)	*electric/gas cooker*
das Elektrogerät (e)	*electrical appliance*
der Backofen (-öfen)	*oven*
das Kochfeld (er)	*hob*
die Dunstabzugshaube (n)	*extractor hood*
der Mikrowellenherd (e)	*microwave (oven)*
der Wasserkocher (-)	*electric kettle*
der Wasserkessel (-)	*kettle*
die Kaffeemaschine (n)	*coffee machine*
der Toaster (-)	*toaster*
der Kühlschrank (¨e)	*fridge*
der Gefrierschrank (¨e)	*freezer*
der Boiler (-)	*boiler*
die Spüle (n)	*sink*
der Wasserhahn (¨e)	*tap, faucet*
der Küchentisch (e)	*kitchen table*
die Küchenzeile (n)	*kitchen unit/set of units*
die Arbeitsfläche (n)	*work surface*
das Holz	*wood*
das Ahornholz	*maple wood*
der Marmor	*marble*
der Edelstahl	*stainless steel*
der Schrank (¨e)	*cupboard, closet*
der Vorratsschrank (¨e)	*storage unit*
die Schublade (n)	*drawer*
das Regal (e)	*shelf*
der Mülleimer (-)	*bin, garbage can*
das Hackbrett (er)	*chopping board*
das Brotbrett (er)	*breadboard*
der Kochtopf (¨e)	*saucepan*
der Deckel (-)	*lid*
die Bratpfanne (n)	*frying pan*
der Schnellkochtopf (¨e)	*pressure cooker*
das Messer (-)	*knife*
der Schäler (-)	*peeler*
der Löffel (-)	*spoon*
der Kochlöffel (-)	*wooden spoon*
die Schere (n)	*(pair of) scissors*
das Sieb (e)	*sieve, colander*

die Vorratsdose (n)	storage jar
die Dose (n)	can
der Dosenöffner (-)	can opener
der Korkenzieher (-)	corkscrew
der Flaschenöffner (-)	bottle-opener
die Schachtel (n)	packet
die Tube (n)	tube
der Küchenkrepp	kitchen paper
die Alufolie	kitchen foil
die Schürze (n)	apron
das Trockentuch (¨er)	tea towel
praktisch	practical, handy
nützlich	useful
gut durchdacht	well organized
gefährlich	dangerous
scharf	sharp
ordentlich	tidy
kochen	to cook, do the cooking
benutzen	to take, to use
waschen	to wash
spülen	to do the washing-up
putzen	to clean
wischen	to wipe
trocknen	to dry
Wasser anstellen	to put water on to boil
unordentlich sein	to be untidy
die Küche aufräumen	to tidy the kitchen
den Wasserhahn aufdrehen/ zudrehen	to turn on/off the tap
den Müll raustragen	to take the bin out
vorsichtig sein	to be careful

Language in action

Du, Michael, ich habe eine ganz tolle Küchenzeile im Möbelgeschäft gesehen. Im Angebot! Die Fronten sind aus Ahornholz und die Arbeitsfläche ist aus Marmor. Sieht super aus! Das würde auch zu unserem Küchentisch passen. Die Elektrogeräte sind alle im Preis inbegriffen: Backofen, Glaskeramik-Kochfeld, Mikrowellenherd, Dunstabzugshaube, Kühlschrank und Gefrierschrank. Zu der Küchenzeile gehört eine Spüle aus Edelstahl, ein großer Vorratsschrank, ein Unterschrank mit fünf Schubladen, noch mehr Unterschränke und drei Hängeschränke. Da haben wir dann endlich mal genug Platz für unsere Kochtöpfe und das ganze Geschirr, das wir zur Hochzeit bekommen haben. Lass uns gleich morgen hingehen!

die Hausarbeit	*housework*
die Arbeit (en)	*job, task*
die Putzhilfe (n)	*cleaner (person)*
der Staubsauger (-)	*vacuum cleaner*
der Besen (-)	*(sweeping) brush*
der Handfeger (-)	*(hand) brush*
der Stiel (e)	*handle*
die Kehrschaufel (n)	*dustpan*
die Abwaschschüssel (n)	*washing-up bowl*
der Eimer (-)	*bucket*
der Mopp (s)	*mop*
das Staubtuch (¨er)	*duster*
der Schwamm (¨e)	*sponge*
der Gummihandschuh (e)	*rubber glove*
das Spültuch (¨er)	*dishcloth*
das Geschirrtuch (¨er)	*tea towel*
das Putzmittel (-)	*household cleanser*
das Spülmittel	*washing-up liquid*
das Desinfektionsmittel	*disinfectant*
die Politur (en)	*polish*
die Spraydose (n)	*spray can*
die Tasche (n)	*bag*
der Müllbeutel (-)	*bin liner*
die Maschine (n)	*machine*
die Geschirrspülmaschine	*dishwasher*
die Waschmaschine	*washing machine*
der Wäschetrockner (-)	*tumble dryer*
das Waschmittel	*washing powder/liquid*
das Waschpulver	*washing powder*
der Weichspüler	*fabric softener*
der Wäschekorb (¨e)	*linen basket*
die Wäscheleine (n)	*washing line*
die Wäscheklammer (n)	*clothes peg*
das Bügelbrett (er)	*ironing board*
das Bügeleisen (-)	*iron*
das Fett	*grease*
der Staub	*dust*
der Boden (¨)	*floor*
die Fliesen (*pl*)	*tiles, tiled floor*
das Fenster (-)	*window*

die Nähmaschine (n)	sewing machine
schwer/schwierig	*difficult, hard*
einfach	*easy*
nass	*wet*
trocken	*dry*
sauber	*clean*
schmutzig	*dirty*
völlig	*thoroughly*
aufräumen	*to tidy (up)*
fegen	*to sweep*
polieren	*to polish*
abstauben	*to dust (furniture)*
Staub wischen	*to dust (room/house)*
abwischen	*to wipe*
reiben	*to rub*
anfeuchten	*to wet*
trocknen	*to dry*
putzen/saubermachen	*to clean*
scheuern	*to scrub*
füllen	*to fill*
ausleeren	*to empty*
saugen	*to vacuum*
bügeln	*to iron*
das Geschirr abwaschen/ spülen	*to wash up*
mit einem Schwamm abwischen	*to sponge*
(die) Wäsche waschen	*to do the washing*
die Wäsche aufhängen	*to hang out the washing*
die Fenster putzen	*to clean the windows*

Language in action

Putzplan

Montag
Wohnung saugen, gründlich Staub wischen.
Küche putzen (der Fußboden ist sehr schmutzig), Backofen reinigen.

Dienstag
Badezimmer putzen, die Gästetoilette nicht vergessen.
Wäsche waschen und aufhängen. Treppe wischen.
Mülleimer ausleeren.

Mittwoch
Silber putzen, Möbel polieren.
Wäsche bügeln und wegräumen.
Fenster putzen.

de Kochlöffel (-)	wooden spoon
der Esslöffel (-)	tablespoon(ful)
der Löffel (-)	spoon(ful)
der Teelöffel (-)	teaspoon(ful)
der Mixer (-)	blender
die Reibe (n)	grater
der Fleischwolf ("e)	mincer, meat grinder
die Zutat (en)	ingredient
das Gewürz (e)	spice
die Kräuter	herbs
die Knoblauchzehe (n)	clove of garlic
das Püree	puree
die Backmischung (en)	mixture
der Teig	dough, paste
der Salat (e)	salad/lettuce
die Soße (n)	sauce
das Stück (e)	piece
die Scheibe (n)	slice
der Kern (e)	stone, pit
die Schale (n)	skin, peel

durchgebraten	well cooked
warm	hot (cooked)
heiß	(boiling) hot
kalt	cold
lauwarm	lukewarm
tiefgekühlt	frozen
dick	thick
dünn	thin
fein	fine, thin/finely
frisch	fresh
gerieben	grated
glatt	smooth
fertig	ready
schnell	quickly
langsam	slowly
vorsichtig	gently

anmachen	to light, turn on
ausmachen	to turn off
kochen	to cook, do the cooking
aufwärmen	to reheat, heat up
abkühlen	to cool

kochen	*to boil, cook in water*
köcheln	*to simmer*
anbrennen	*to burn (cake, etc)*
braun werden	*to brown*
braten	*to fry/roast*
kurz anbraten	*to fry lightly*
anrösten	*to sauté*
grillen	*to grill*
auftauen	*to defrost, thaw (food)*
abtauen	*to defrost, thaw (fridge)*
umrühren	*to stir*
schlagen	*to beat*
vermischen	*to mix*
dazugeben	*to add*
würzen	*to season*
schälen	*to peel*
schneiden	*to cut*
servieren	*to serve*
klein hacken	*to chop finely*
füllen	*to fill*
[aus]leeren	*to empty*
herausnehmen	*to remove/take out*
durch den Fleischwolf drehen	*to mince*
bei starker/schwacher Hitze	*on a high/low heat*
die Hitzezufuhr reduzieren/ erhöhen	*to lower/turn up the heat*
bei mittlerer Hitze	*on a medium heat*
gehackt/in Scheiben geschnitten	*chopped/sliced*
eine Dose Erbsen	*a tin of peas*
(die) Sahne/(das) Eiweiß schlagen	*to whip cream/egg whites*

Language in action

Reibekuchen

1kg mehlig kochende Kartoffeln, 2 Eier, 1 Prise Salz, 1/8 l Öl oder 6 Essl. Schmalz

Die geschälten und gewaschenen Kartoffeln auf der Gemüsereibe in eine Schüssel reiben. Die Kartoffelraspel in ein mit einem Tuch ausgelegtes Sieb schütten und abtropfen lassen, dann wieder in die Schüssel geben und mit den Eiern und dem Salz verrühren. Nach und nach das Fett in einer Pfanne erhitzen. Pro Reibekuchen 1-2 Esslöffel Kartoffelteig in die Pfanne geben, etwas flach streichen und die Fladen von jeder Seite in 3-4 Minuten knusprig braun braten. Die Reibekuchen sollten frisch aus der Pfanne auf den Tisch kommen.

das Bett (en)	*bed*
das Laken (-)	*sheet*
das Federbett (en)	*duvet, comforter*
der Bettbezug (¨e)	*duvet cover*
das (Kopf)kissen (-)	*pillow*
der Kissenbezug (¨e)	*pillowcase*
die Tagesdecke (n)	*bedspread*
die Decke (n)	*blanket*
der Schrank (¨e)	*cupboard, closet*
der Kleiderschrank (¨e)	*wardrobe, closet*
die Lampe (n)	*lamp*
der Wecker (-)	*alarm clock*
das Badezimmmer (-)	*bathroom*
die (Bade)wanne (n)	*bath(tub)*
die Dusche (n)	*shower*
das Waschbecken (-)	*handbasin*
der Wasserhahn (¨e)	*tap, faucet*
das Wasser	*water*
der Spiegel (-)	*mirror*
die Toilette (n)	*toilet*
die Badematte (n)	*bathmat*
das Badetuch (¨er)	*bath towel*
das Handtuch (¨er)	*towel*
die Seife (n)	*soap*
das Shampoo (s)	*shampoo*
das Duschgel (e)	*shower gel*
die Zahnpasta (-pasten)	*toothpaste*
die Rasiercreme (s)	*shaving cream*
das Deo (s)	*deodorant*
das Make-up	*make-up*
der Waschlappen (-)	*flannel*
der Schwamm (¨e)	*sponge*
der Föhn (e)	*hairdryer*
der Kamm (¨e)	*comb*
die Schere (n)	*(pair of) scissors*
die Bürste (n)	*brush*
die Zahnbürste (n)	*toothbrush*
der Rasierapparat (e)	*electric/safety razor*
das Toilettenpapier	*toilet paper*

früh	*early*
spät	*late*
spätestens	*at the latest*
schlafen	*to sleep*
träumen	*to dream*
ins Bett gehen	*to go to bed*
sich hinlegen	*to lie down*
aufwachen	*to wake up*
aufstehen	*to get up*
sich ausziehen	*to get undressed*
sich anziehen	*to get dressed*
sich waschen	*to wash (oneself)*
duschen	*to shower*
baden	*to have a bath*
sich rasieren	*to shave*
sich schminken	*to put on one's make-up*
schläfrig sein	*to be sleepy*
sich die Haare kämmen	*to comb one's hair*
gute Nacht!	*goodnight!*
schlaf gut!	*sleep well!*
einen Albtraum haben	*to have a nightmare*
sich die Haare waschen	*to wash one's hair*
sich die Zähne putzen	*to clean one's teeth*
auf jemanden aufpassen	*to look after someone*
etwas vorhaben	*to have something planned*
in Ordnung/ist gut	*okay*

Language in action

- Hallo Christa! Schön, dass du heute Abend auf Max aufpassen kannst.
- Kein Problem. Ich hatte sowieso heute Abend nichts vor.
- Ich erkläre dir eben, was wir abends immer machen. Im Moment spielt er schön, aber in einer halben Stunde muss er in die Badewanne. Die Haare brauchst du ihm nicht zu waschen. Wir nehmen immer dieses Duschgel, weil er so eine empfindliche Haut hat.
- Die gelbe Flasche - in Ordnung.
- Du musst ihm beim Ausziehen helfen, weil er das noch nicht alleine kann. Hier ist sein Schlafanzug. Sein Abendessen habe ich schon vorbereitet. Nach dem Essen kann er noch ein bisschen spielen, aber er muss spätestens um acht Uhr ins Bett. Und vorher muss er sich natürlich die Zähne putzen. Du kannst ihm noch eine Geschichte vorlesen, bevor du das Licht ausmachst.
- Ist gut.
- Manchmal wacht er nachts auf, aber meistens schläft er gut. Ich glaube, das ist alles. Also, ich hoffe, dass alles gut geht!

der Garten (¨)	*garden*
der Baum (¨e)	*tree*
der Obstbaum (¨e)	*fruit tree*
der Strauch (¨er)	*shrub*
der Ast (Äste)	*branch*
das Blatt (¨er)	*leaf*
die Blume (n)	*flower*
das Blumenbeet (e)	*flowerbed*
die Pflanze (n)	*plant*
das Unkraut	*weeds*
das Gras	*grass*
der Rasen (-)	*lawn*
das Werkzeug (e)	*tool*
der Rasenmäher (-)	*lawnmower*
die Schubkarre (n)	*wheelbarrow*
die Gießkanne (n)	*watering can*
der Spaten (-)	*spade*
die Harke/der Rechen (n/-)	*rake*
die Kelle (n)	*trowel*
der Dünger (-)	*fertilizer*
der Zaun (¨e)	*fence*
die Hecke (n)	*hedge*
die Garage (n)	*garage*
das Gewächshaus (¨er)	*greenhouse*
der Schuppen (-)	*shed*
der Kies	*gravel*
das Haustier (e)	*pet*
die Katze (n)	*cat*
der Hund (e)	*dog*
das Kaninchen (-)	*rabbit*
der Goldfisch (e)	*goldfish*
der Hamster (-)	*hamster*
die Maus (¨e)	*mouse*
das Meerschweinchen (-)	*guinea pig*
das Pferd (e)	*horse*
die Schildkröte (n)	*tortoise*
der Vogel (¨)	*bird*
der Papagei (en)	*parrot*
der Wellensittich (e)	*budgie*

das Insekt (en)	insect
die Fliege (n)	fly
die Mücke (n)	mosquito
die Biene (n)	bee
die Wespe (n)	wasp
eben/flach	flat
wild	wild
sauber	clean, tidy, clear
quadratisch	square
rechteckig	rectangular
rund	round
graben	to dig
pflanzen	to plant
gießen	to water
schneiden	to cut
pflücken	to pick
mähen	to mow
wachsen	to grow
etwas anbauen	to grow something
aufsammeln	to pick (up), gather
beschneiden	to prune
spielen	to play
füttern	to feed
auf dem Land	in the country
Unkraut jäten	to weed
den Hund ausführen	to take the dog for a walk
tu mir den Gefallen	do me a favour
du spinnst wohl!*	you're mad!

Language in action

- Hallo Brigitte, hier ist Peter. Ich rufe dich an um zu fragen, ob du dich dieses Wochenende um meine Katze kümmern kannst.
- Dieses Wochenende? Ich weiß nicht ...
- Ach bitte, tu mir den Gefallen. Ich habe ja auch deine Blumen gegossen, als du im Urlaub warst. Ich möchte einfach nur, dass du zweimal am Tag kommst und die Katze fütterst.
- Du möchtest also nicht, dass ich sie ausführe?
- Du spinnst wohl! Es ist eine Katze, kein Hund!
- Na gut, reg dich nicht auf! Ich mache es. Wohin fährst du denn?
- Ich fahre zu Freunden aufs Land. Es soll dort sehr nett sein. Sie haben einen großen Garten mit Schwimmbad, Obstbäumen und so weiter. Wirst du da nicht neidisch?
- Überhaupt nicht! Du wirst das ganze Wochenende den Spaten nicht aus der Hand legen und die ganze Zeit nur Unkraut jäten und Bäume stutzen.

die Party (s)	party
die Einladung (en)	invitation
der Gast ("e)	guest
der Gastgeber (-)	host
die Gastgeberin (nen)	hostess
die Musik	music
die Band/die Gruppe (s/n)	group, band
der Plastikbecher (-)	plastic cup
die Papiertischdecke (n)	paper tablecloth
die Papierserviette (n)	paper napkin
das Tablett (s)	tray
das Glas ("er)	glass
das Getränk (e)	drink
das alkoholfreie Getränk	soft drink
die Cola™	Coke™
der Fruchtsaft	fruit juice
der Alkohol	alcohol
das Bier (e)	beer
der Rotwein/Weißwein (e)	red/white wine
der Sekt	sparkling wine
das Essen (-)	meal
das Abendessen (-)	dinner, supper
die Chips (pl)	crisps
der Kuchen (-)	cake
der Geburtstag (e)	birthday
der Hochzeitstag (e)	wedding anniversary
der Muttertag	Mother's Day, Mothering Sunday
der Vatertag	Father's Day
die Weihnachtszeit	Christmas time
der Heiligabend	Christmas Eve
der erste Weihnachtsfeiertag	Christmas Day
der zweite Weihnachtsfeiertag	Boxing Day
Silvester	New Year's Eve
das Neujahr	New Year
der Valentinstag	St Valentine's Day
der Fasching/der Karneval	Carnival
das Ostern	Easter
natürlich	of course
ja, gut	okay, all right
wahrscheinlich	probably

fantastisch/toll	*great, terrific*
lustig/amüsant	*fun*
einladen	*to invite*
antworten	*to reply*
begrüßen	*to welcome*
feiern	*to celebrate*
sich amüsieren	*to enjoy oneself*
lachen	*to laugh*
lächeln	*to smile*
tanzen	*to dance*
singen	*to sing*
zuhören	*to listen (to)*
trinken	*to drink*
essen	*to eat*
schenken	*to give (as a present)*
ein Kostümfest	*a fancy-dress party*
verkleidet als	*dressed up as*
ich würde sehr gern	*I'd love to*
es kommt darauf an	*it depends*
jemandem Bescheid sagen	*to let someone know*
ich kann leider nicht kommen	*I'm afraid I won't be able to come*
auf jemandes Gesundheit trinken	*to drink to someone's health*
was möchten Sie trinken?	*what would you like to drink?*
Spaß haben	*to have a good/great time*
dafür ist gesorgt	*that's taken care of*
bringt gute Laune mit!	*come ready to enjoy yourselves!*

Language in action

Julia und Thomas Wagner
Landstraße 17
Hamburg

Liebe Jutta, lieber Heiko!

Wir würden uns freuen, wenn ihr dieses Jahr zu unserer Silvesterparty kommen könntet. Wir feiern am 31. 12. ab 20 Uhr bei uns zu Hause. Für Essen und Trinken ist gesorgt, ihr müsst nur die gute Laune mitbringen! Wenn Ihr möchtet, könnt ihr auch gern bei uns übernachten. Bitte sagt uns Bescheid, ob ihr kommt oder nicht.

Mit herzlichen Grüßen

Julia und Thomas

15 Time expressions

die Zeit (en)	*time*
das Jahr (e)	*year*
der Monat (e)	*month*
die Woche (n)	*week*
das Wochenende (en)	*weekend*
der Tag (e)	*day*
die Stunde (n)	*hour*
eine halbe Stunde	*half an hour*
eine Viertelstunde	*a quarter of an hour*
die Minute (n)	*minute*
die Sekunde (n)	*second*
die Uhr (en)	*clock/watch*
der Wecker (-)	*alarm clock*
der Zeiger (-)	*hand (on clock, watch)*
der Morgen (-)	*morning*
der Nachmittag (e)	*afternoon*
der Abend (e)	*evening*
die Nacht (¨e)	*night*
der Mittag	*midday*
die Mitternacht	*midnight*

heute	*today*
morgen	*tomorrow*
gestern	*yesterday*
übermorgen	*the day after tomorrow*
vorgestern	*the day before yesterday*
schon	*already*
noch	*still/yet*
nach	*after*
vor	*before*
seit	*since*
während	*during*
inzwischen	*meanwhile*
kürzlich	*recently*
bald	*soon*
oft	*often*
wie oft?	*how often?*
manchmal	*sometimes*
selten	*seldom, rarely*
lange	*for a long time*
fast	*almost*
wann	*when?*
als	*when (in past)*

wenn	*when (in present/future)*
früh	*early*
spät	*late*
am Wochenende	*at the weekend*
sie kommen übers Wochenende	*they're coming for the weekend*
nächstes/letztes Wochenende	*next/last weekend*
nächste/letzte Woche	*next/last week*
kurz vor/nach	*just before/after*
am Tag davor/danach	*the day before/after*
drei Tage später	*three days later*
vor ein paar Tagen	*a few days ago*
wie viel Uhr ist es?	*what time is it?*
es ist zehn Uhr	*it's ten o'clock*
es ist ein Uhr	*it's one o'clock*
es ist halb elf	*it's half past ten*
es ist Viertel nach zehn	*it's quarter past ten*
es ist Viertel vor zehn	*it's quarter to ten*
um zehn Uhr zwanzig	*at twenty past ten*
um neun Uhr vierzig	*at twenty to ten*
um halb	*at half past*
es ist Viertel nach/vor	*it's quarter past/quarter to*
es ist fünfzehn Uhr dreißig	*it's 15.30*
um wie viel Uhr fängt es an?	*(at) what time does it start?*
in einer halben Stunde	*in half an hour*
anderthalb Stunden	*an hour and a half*
früh dran sein	*to be early*
spät dran sein	*to be late*
Verspätung haben	*to be late/delayed (bus, train, etc)*
pünktlich sein	*to be on time*
seit wann?	*since when?*
wann sind Sie eingezogen?	*when did you move in?*
als meine Schwester hier war	*when my sister was here*
wenn Sie im Urlaub sind	*when you are on holiday*
wie lange wohnen Sie schon hier?	*how long have you been living here?*
seit fünf Jahren	*for five years*
ich kenne ihn seit drei Jahren	*I've known him for three years*
zur gleichen Zeit	*at the same time*

der Laden/das Geschäft (¨/e)	*shop, store*
der Markt (¨e)	*market*
der Supermarkt (¨e)	*supermarket*
der Verbrauchermarkt (¨e)	*hypermarket*
der Parkplatz (¨e)	*car park*
der Eingang (¨e)	*entrance*
der Ausgang (¨e)	*exit*
der Notausgang (¨e)	*emergency exit*
die Treppe (n)	*(flight of) stairs*
der Aufzug (¨e)	*lift, elevator*
die Rolltreppe (n)	*escalator*
das Schaufenster (-)	*shop window*
der Ausverkauf (¨e)	*sale*
das Lebensmittelgeschäft (e)	*grocer's (shop)*
die Fleischerei (en)	*butcher's (shop)*
die Metzgerei (en)	*butcher's (shop)*
das Feinkostgeschäft (e)	*delicatessen*
das Fischgeschäft (e)	*fishmonger's*
die Obst- und Gemüsehandlung (en)	*greengrocer's (shop)*
die Bäckerei (en)	*baker's (shop)*
die Konditorei (en)	*cake shop*
die Weinhandlung (en)	*wine shop*
das Kaufhaus (¨er)	*department store*
das Textilgeschäft (e)	*clothes shop*
das Schuhgeschäft (e)	*shoe shop*
die Reinigung (en)	*dry cleaner's*
der Juweliergeschäft (e)	*jeweller's (shop)*
die Parfümerie (n)	*perfumery*
die Buchhandlung (en)	*bookshop*
der Zeitungshändler (-)	*newsagent*
der Zeitungsstand (¨e)	*newspaper stand*
der Geschenkladen (¨)	*gift shop*
das Eisenwarengeschäft (e)	*hardware shop*
die Apotheke (n)	*pharmacy*
der Tabakladen (¨)	*tobacconist's (shop)*
der Friseur/die ~in (e/nen)	*hairdresser*
der Optiker/die ~in (-/nen)	*optician*
das Reisebüro (s)	*travel agency*

der Immobilienmakler (-)	estate agent
die Bank (en)	bank
die Sparkasse (n)	savings bank
das Postamt (¨er)	post office
der Verkäufer/die ~in (-/nen)	sales assistant, sales clerk
der Kassierer/die ~in (-/nen)	checkout assistant
der Geschäftsführer/die ~in (-/nen)	manager
der Kunde/die ~in (n/nen)	customer
die Öffnungszeiten (pl)	opening hours
der Jahresurlaub (e)	annual holiday
kaufen	to buy
verkaufen	to sell
suchen	to look for, want
finden	to find
sich ansehen	to look at
sich aussuchen	to choose
fragen (nach)	to ask for
helfen	to help
bezahlen	to pay (for)
erledigen	to do, deal with
im Supermarkt	in the supermarket
beim Friseur	at the hairdresser's
einkaufen gehen	to go shopping
im Angebot	on sale here
bitte nicht berühren	please do not touch
sensationell günstig	amazing value
reduzierte Preise	reductions

Language in action

Heute zu erledigen

Bäckerei: Brot und Kuchen abholen.

Metzgerei: Fleisch für Sonntag bestellen. Schinken, Wurst, Salami kaufen.

Markt: Obst und Gemüse kaufen. Blumen für Omas Geburtstag mitnehmen. Am Fischstand fragen, wann es frischen Lachs gibt.

Supermarkt: Großeinkauf machen. Sind Kekse im Sonderangebot? Kaffee nicht vergessen!

Sparkasse: Kontoauszüge abholen, Geld abheben!

die Kleider (pl)	clothes
das Hemd (en)	shirt
die Bluse (n)	blouse
der Rock (¨e)	skirt
das Kleid (er)	dress
das T-Shirt (s)	T-shirt
die Weste (n)	waistcoat, vest (US)
die Strickjacke (n)	cardigan
der Pullover (-)	sweater
das Sweatshirt (s)	sweatshirt
die Jacke (n)	jacket
die Hose (en)	(pair of) trousers, pants
der Anzug (¨e)	suit (with trousers)
das Kostüm (e)	suit (with skirt)
die Jeans (pl)	jeans
der Trainingsanzug (¨e)	tracksuit
die Socke (n)	sock
die Strumpfhose (n)	(pair of) tights, pantihose
der Schlüpfer (-)	(pair of) knickers, panties
der BH (s)	bra
die Unterhose (en)	(pair of) underpants, shorts (US)
der Badeanzug (¨e)	swimsuit
die Badehose (n)	(pair of) swimming trunks
das Nachthemd (en)	nightdress
der Pyjama (s)	(pair of) pyjamas
der Mantel (¨)	(over)coat
der Regenmantel (¨)	raincoat
der Schuh (e)	shoe
der Turnschuh (e)	trainer
der Stiefel (-)	boot
der Knopf (¨e)	button
die Tasche (n)	pocket
der Kragen (-)	collar
der Ärmel (-)	sleeve
die Größe (n)	size
die Schuhgröße (n)	shoe size

die Kabine (n)	*fitting room*
langärmelig	*long-sleeved*
kurzärmelig	*short-sleeved*
ärmellos	*sleeveless*
eng	*tight*
weit/locker sitzend	*loose*
(viel) zu	*(much) too*
klein	*small*
mittelgroß	*medium*
groß	*large, big*
übergroß	*extra large, outsize*
anprobieren	*to try on*
umtauschen	*to exchange (for)*
durch die Geschäfte bummeln	*to go round the shops*
einen Schaufensterbummel machen	*to go window-shopping*
kann ich Ihnen helfen?	*do you need any help?*
möchten Sie sich nur mal umsehen?	*are you just looking?*
sehen Sie sich ruhig um	*please feel free to look round*
haben Sie das eine Nummer größer/kleiner?	*do you have the larger/ smaller size?*
es passt mir gut	*it fits me well*
es passt mir nicht	*it doesn't fit me*
bar (be)zahlen	*to pay cash*
mit (einem) Scheck/(einer) Kreditkarte bezahlen	*to pay by cheque/credit card*

Language in action

- Guten Tag. Kann ich Ihnen helfen?
- Danke, ich möchte mich nur mal umsehen.
- Natürlich. Wenn Sie Fragen haben, helfe ich Ihnen gerne.
- Diese graue Hose gefällt mir. Kann ich sie mal anprobieren?
- Aber gerne. Da vorne sind die Kabinen.
- Haben Sie vielleicht noch eine kleinere Größe?
- Warten Sie, ich schaue mal nach. Ja, hier ist sie in Größe 42.
- Passt wie angegossen! Die nehme ich!
- Ja, die sieht ganz schick aus. Kommen Sie bitte mit zur Kasse. Das macht DM 129.
- Kann ich auch mit Karte bezahlen?
- Selbstverständlich. Unterschreiben Sie bitte hier. So, hier ist Ihre Hose! Noch einen schönen Tag!
- Auf Wiedersehen!

die Accessoires (*pl*)	*accessories*
das Halstuch (¨er)	*scarf (fine)*
das Seidentuch (¨er)	*silk scarf*
der Schal (s)	*scarf (thick)*
die Krawatte (en)	*tie*
der Handschuh (e)	*glove*
ein Paar Handschuhe	*pair of gloves*
der Hut (¨e)	*hat*
der Sonnenhut (¨e)	*sunhat*
die Mütze (n)	*(woolly) hat/cap*
der Gürtel (-)	*belt*
der Ledergürtel (-)	*leather belt*
die Tasche (n)	*bag*
die Handtasche (n)	*handbag, purse (US)*
der Korb (¨e)	*basket*
die Einkaufstasche (n)	*shopping bag*
der Einkaufskorb (¨e)	*shopping basket*
die Umhängetasche (n)	*shoulder bag*
die Aktentasche (n)	*briefcase*
der Rucksack (¨e)	*rucksack*
das Portemonnaie (s)	*purse, change purse*
die Brieftasche (n)	*wallet, billfold*
die Kulturtasche (n)	*toilet bag*
der Schlüsselring (e)	*keyring*
der Schmuck	*jewellery*
die Halskette (n)	*necklace*
die Goldhalskette (n)	*gold necklace*
der Kettenanhänger (-)	*chain pendant*
der Ohrring (e)	*earring*
die Brosche (n)	*brooch*
das Armband (¨er)	*bracelet*
das Silberarmband (¨er)	*silver bracelet*
der Armreif (e)	*bangle*
der Ring (e)	*ring*
der Verlobungsring (e)	*engagement ring*
der Ehering (e)	*wedding ring*
die Armbanduhr (en)	*watch*
die Haarspange (n)	*hairslide, barette*
das Haarband (¨er)	*hairband*

das Make-up	*make-up*
der Make-up-Entferner	*make-up remover*
die Kosmetiktasche (n)	*make-up bag*
die Grundierung	*foundation*
der Puder	*face powder*
der Lippenstift (e)	*lipstick*
das Rouge	*blusher*
das Augen-Make-up	*eye make-up*
der Lidschatten	*eye shadow*
die Wimperntusche	*mascara*
der Nagellack	*nail varnish*
der Nagellackentferner	*nail varnish remover*
die Toilettenartikel (*pl*)	*toiletries*
die Feuchtigkeitscreme	*moisturizer*
die Handcreme	*hand cream*
das Parfüm (e)	*perfume*
das Eau de Toilette	*toilet water*
das Aftershave	*after-shave*
die Rasiercreme	*shaving cream*
der Rasierschaum	*shaving foam*
das Shampoo	*shampoo*
die Spülung	*conditioner*
das Haarfärbemittel	*hair dye*
das Haarspray	*hairspray*
der Kamm (¨e)	*comb*
die Haarbürste (n)	*hairbrush*
der Föhn (e)	*hairdryer*
das Schaumbad	*foam bath*
das Deo(dorant)	*deodorant*
die Zahnpasta	*toothpaste*
die Zahnbürste (n)	*toothbrush*
die Enthaarungscreme	*hair-removing cream*
die Pinzette (n)	*(pair of) tweezers*
die Schere (n)	*(pair of) scissors*
die Nagelfeile (n)	*nail file*
sich schminken	*to put on one's make-up*
sich abschminken	*to remove one's make-up*
sich die Haare bürsten/ waschen	*to brush/wash one's hair*
sich die Haare färben	*to dye one's hair*

der (gemahlene) Kaffee	(ground) coffee
die Kaffeebohnen (pl)	coffee beans
der Instantkaffee	instant coffee
die Trinkschokolade	drinking chocolate
der Tee	tea
der Kräutertee	herb tea
der Wein	wine
das Bier	beer
die Spirituosen (pl)	spirits
der Frucht-/Orangensaft	fruit/orange juice
das Mineralwasser	mineral water
der Keks (e)	biscuit
das Müsli	muesli
die Cornflakes (pl)	cornflakes
die Marmelade	jam, jelly (US)
die Orangenmarmelade	marmalade
der Reis	rice
die Nudeln (pl)	noodles/pasta
die Bandnudeln (pl)	tagliatelle
die Suppe	soup
die Linsen (pl)	lentils
die Konserven (pl)	tinned goods
das Mehl	flour
der Zucker	sugar
das Salz	salt
der Pfeffer	pepper
die Kräuter (pl)	herbs
die Gewürze (pl)	spices
das Oliven-/Sonnenblumenöl	olive/sunflower oil
der Essig	vinegar
der Senf	mustard
die Tomatensoße	tomato sauce
das Tomatenmark	tomato puree
die Olive (n)	olive
die Gurke (n)	gherkin
die Chips (pl)	crisps
die Sardine (n)	sardine
die Sardelle (n)	anchovy
die Süßigkeit (en)	sweet
die Schokolade	chocolate
eine Tafel Schokolade	a bar of chocolate
die Nuss (¨e)	nut

das Tierfutter	*pet food*
die Flasche (n)	*bottle*
die Dose (n)	*tin*
das Päckchen (-)	*packet*
die Tüte (n)	*bag*
der Beutel (-)	*plastic bag*
der Einkaufswagen (-)	*trolley, cart* (US)
die Kasse (n)	*checkout*
die Ladentheke (n)	*counter*
die Käsetheke (n)	*cheese counter*
die Abteilung (en)	*section*
die Weinabteilung (en)	*wine section*
schwer	*heavy*
leicht	*light*
genug	*enough (of)*
viel	*a lot (of)*
zu viel	*too much*
ein paar	*a few*
prima!*	*brilliant!*
im Sonderangebot	*on special offer*
zum halben Preis	*(at) half price*
links/rechts	*on the left/right*
zur Kasse gehen	*to go to the checkout*
Schlange stehen	*to queue*
können Sie mir bitte helfen?	*can you help me?*

Language in action

- Fährst du heute zum Supermarkt, Thomas?
- Ja, nach der Arbeit will ich einkaufen fahren. Ich habe schon eine Liste gemacht.
- Zeig mal her, du vergisst doch immer die Hälfte! Also, Milch, Butter, Kaffee, Kekse, Reis, Mehl ... Prima, sogar an Katzenfutter hast du gedacht! Und kannst du mal nachsehen, ob wir genug Nudeln haben? Die Kinder essen zur Zeit am liebsten Bandnudeln.
- Im Schrank sind nur noch Spagetti. Und wir haben kein Olivenöl mehr.
- Dann schreibe ich noch Bandnudeln und Olivenöl auf, und Tomaten in Dosen. Heute Abend gibt es Nudeln mit Tomatensoße.
- Alles klar. Dann fahre ich jetzt los.
- Warte mal, Thomas! Letzte Woche gab es Schokolade im Sonderangebot. Bring mir doch bitte ein paar Tafeln Trauben-Nuss mit.
- Mach ich, Susi. Aber sag mal, machst du nicht gerade Diät?

das Gemüse	*vegetable(s)*
die Kartoffel (n)	*potato*
die Möhre/die Karotte (n/n)	*carrot*
die Zwiebel (n)	*onion*
die Schalotte (n)	*shallot*
der Knoblauch	*garlic*
der Porree/der Lauch	*leeks*
die Steckrübe (n)	*turnip*
der Kohl	*cabbage*
der Rosenkohl	*Brussels sprouts*
der Blumenkohl	*cauliflower*
der Brokkoli	*broccoli*
der Spinat	*spinach*
der Standensellerie	*celery*
die grünen Bohne (n)	*green bean*
die dicken Bohne (n)	*broad bean*
die Erbse (n)	*pea*
der Champignon (s)	*mushroom*
die Zucchini (*pl*)	*courgettes, zucchini*
die Aubergine (n)	*aubergine, eggplant*
die Paprikaschote (s)	*pepper, bell pepper*
die Endivie (*pl*)	*chicory, endive*
die Artischocke (n)	*artichoke*
die Spargel (*pl*)	*asparagus*
der Mais	*sweetcorn*
der Salat	*salad*
die Tomate (n)	*tomato*
die Avocado (s)	*avocado*
das Obst	*fruit*
die Frucht (¨e)	*piece of fruit*
der Apfel (Äpfel)	*apple*
die Birne (n)	*pear*
die Banane (n)	*banana*
die Weintraube (n)	*grape*
die Aprikose (n)	*apricot*
der Pfirsich (e)	*peach*
die Nektarine (n)	*nectarine*
die Feige (n)	*fig*
die Erdbeere (n)	*strawberry*
die Himbeere (n)	*raspberry*

die Melone (n)	*melon*
die Kirsche (n)	*cherry*
die Pflaume (n)	*plum*
die Apfelsine (n)	*orange*
die Mandarine (n)	*mandarin (orange)*
die Zitrone (n)	*lemon*
die Limone (n)	*lime*
die Grapefruit (s)	*grapefruit*
reif	*ripe*
überreif	*over-ripe*
verfault	*rotten*
von guter Qualität	*high-quality*
lecker	*tasty*
frisch	*fresh*
neu	*new*
biologisch	*organic*
billig	*cheap*
teuer	*expensive*
um etwas bitten	*to ask for something*
wiegen	*to weigh*
aussuchen	*to choose*
was kostet...?	*what is the price of...?*
wie viel/wie viele möchten Sie?	*how much/many would you like?*
darf es sonst noch was sein?	*would you like anything else?*
sonst noch etwas?	*anything else?*
das ist alles, danke	*that's all, thanks*
das Gemüse der Gegend	*locally grown vegetables*

Language in action

- Guten Tag, junge Frau! Was kann ich für Sie tun?
- Ich hätte gern zwei Kilo Äpfel, die roten da vorne. Sind die auch wirklich aus biologischem Anbau?
- Ja, die kommen von einem Biobauern hier in der Gegend.
- Gut. Dann hätte ich noch gern einen Blumenkohl ... und was kosten die Möhren?
- Vier Mark das Kilo, ganz frisch.
- Zwei Kilo Möhren, bitte. Und wie schmecken denn die Weintrauben, sind die schön süß?
- Probieren Sie mal! Richtig lecker sind die!
- Oh ja, dann hätte ich gern ein Kilo davon. Das ist alles.
- Macht 11 Mark 50, junge Frau! Und isst Ihre Kleine gern Bananen? Da hast du eine Banane, mein Kind!

das Fleisch	meat
das Rindfleisch	beef
das Kalbfleisch	veal
das Schweinefleisch	pork
das Lammfleisch	lamb
das Hirschfleisch	venison
das Hähnchen (-)	chicken
der Truthahn (¨e)	turkey
das Kaninchen (-)	rabbit
die Leber	liver
die Niere (n)	kidney
das Steak (s)	steak
das Kotelett (s)	chop
das Schweinesteak (s)	pork steak
das Hackfleisch	mince, ground meat
der Braten (-)	joint/roast
die Lammkeule (n)	leg of lamb
die Hähnchenkeule (-)	chicken leg
das Hähnchenbrustfilet (s)	chicken breast
die Blutwurst (¨e)	black pudding
die Wurst (¨e)	salami-type sausage
das Würstchen (-)	frankfurter
die Bratwurst (¨e)	sausage
der Schinken	ham
der Speck	bacon
der Fisch	fish
der Räucherfisch (e)	smoked fish
der Schellfisch (e)	haddock
der Kabeljau (s)	cod
die Seezunge (n)	sole
der Lachs (e)	salmon
die Forelle (n)	trout
der Hering (e)	herring
der Thunfisch (e)	tuna
das Filet (s)	fillet
das Schalentier (e)	shellfish
die Garnele (n)	prawn
die Krabbe (n)	crab/shrimp
der Hummer (-)	lobster
die Muschel (n)	mussel

die Auster (n)	oyster
die Milchprodukte (pl)	dairy products
die Milch	milk
die Vollmilch	full-cream milk
die Magermilch	skimmed milk
die fettarme Milch	semi-skimmed milk
die Sahne	cream
die Butter	butter
die Margarine	margarine
der Käse	cheese
der Joghurt	yoghurt
das Ei (er)	egg
das Brot (e)	bread
das Brötchen (-)	roll
das Toastbrot (e)	sliced bread (for toasting)
das Vollkornbrot (e)	wholemeal bread
roh	raw
gekocht	cooked
frisch	fresh
gepökelt	salted/salt (meat, fish)
gesalzen	salted (butter)
selbst gemacht	homemade
geräuchert	smoked
mariniert	pickled (herring, etc)
Eier von frei laufenden Hühnern	free-range eggs

Language in action

- Hör mal, möchtest du am Samstag zum Essen zu uns kommen? Wir wollen im Garten grillen.
- Das ist nett, aber ich esse doch kein Fleisch, ich bin Vegetarier.
- Ach, mach dir keine Sorgen, wir können auch ein Hähnchen grillen.
- Aber ich esse auch kein Hähnchen, Hähnchen ist doch auch Fleisch!
- Was isst du denn eigentlich?
- Gemüse, Getreide, Hülsenfrüchte ...
- Dann kannst du Erbsensuppe mit Würstchen haben.
- Aber in Würstchen ist doch auch Fleisch drin!
- Das stimmt. Wie wär's mit Rührei mit Speck?
- Nein, Speck liegt mir immer so schwer im Magen. Außerdem ist Speck auch Fleisch und ich habe doch gesagt, dass ich kein Fleisch esse.
- Na, vielleicht solltest du dann lieber zum Kaffee kommen!

der Stahl	steel
der Edelstahl	stainless steel
das Kupfer	copper
das Messing	brass
das Eisen	iron
der Zement	cement
das Holz	wood
das Plastik	plastic
das Glas	glass
die Fliese (n)	tile
das Werkzeug	tool(s)
der Hammer (")	hammer
der Schraubenzieher (-)	screwdriver
die Säge (n)	saw
der Schraubenschlüssel (-)	spanner, monkey wrench
der Meißel (-)	chisel
der Hobel (-)	plane
die Schere (n)	(pair of) scissors
die Zange (n)	(pair of) pliers
die Bohrmaschine (n)	electric drill
der Stecker (-)	plug
der Draht ("e)	wire
das Kabel (-)	(electric) wire
der Nagel (")	nail
die Schraube (n)	screw
das Loch ("er)	hole
das Sandpapier	sandpaper
die Tapete	wallpaper
der Kleister	wallpaper paste
der Klebstoff	glue
die Farbe	paint
die Lackfarbe	gloss paint
der Lack	varnish
der Pinsel (-)	paintbrush
die Rolle (n)	paint roller
das Abbeizmittel	paint stripper
die Stehleiter (n)	stepladder
die Breite (n)	width
die Länge (n)	length
die Höhe/die Größe (n/n)	height

dieTiefe (n)	depth
die Kante (n)	edge
bauen	to build, construct
schneiden	to cut
versuchen (etwas zu tun)	to try (to do something)
einbauen/installieren	to install, put in
(aus)messen	to measure
zusammenbauen	to assemble, put together
kleben	to glue
reparieren	to repair
sägen	to saw
benutzen	to use
schrauben	to screw
(an)streichen	to paint
dick	thick
dünn	thin
eng	narrow
fein	fine, thin
breit	wide
lang	long
kurz	short
wasserdicht	watertight/waterproof
ein Loch bohren	to drill a hole
ein 30 cm breites Brett	a board 30 cm wide
ein 150 cm langes Brett	a board 150 cm long

Language in action

- Liebling, meine Küche müsste unbedingt neu gestrichen werden. Hast du nicht Lust, mir dieses Wochenende beim Anstreichen zu helfen?

- Na klar! Für dich tue ich doch alles, mein Schatz!

- Im Baumarkt ist gerade Ausverkauf, lass uns mal hinfahren! Wir brauchen Farbe für die Wände, Lackfarbe für die Türen, Pinsel und Rollen, eine Stehleiter ... Und wenn wir schon dabei sind, kannst du mir im Wohnzimmer ein Regal für meine neue Stereoanlage einbauen.

- Gut, ich bringe mein Werkzeug und meine Bohrmaschine mit. Das Holz für das Regal können wir auch im Baumarkt besorgen. Denk daran, vorher Maß zu nehmen! Ich muss wissen, wie breit, wie tief und wie hoch das Regal werden soll.

- Ja, ist gut. Übrigens, die Dusche ist kaputt. Kannst du sie reparieren, wenn du schon mal deinen Werkzeugkasten dabei hast? Und es sind ein paar Fliesen von der Wand gefallen, die könntest du mir doch schnell wieder ankleben, oder? [...]

der Fernseher (-)	television (set)
die Glotze*	telly
das Kabelfernsehen	cable television
der Bildschirm (e)	screen
das Programm (e)	(TV) channel
der Film (e)	film
die Sendung (en)	programme
die Folge (n)	episode
die Seifenoper (n)	soap opera
der Dokumentarfilm (e)	documentary
die Nachrichten (*pl*)	news
die Sportsendung (en)	sports broadcast
die Fernserie (n)	TV series
der Wetterbericht (e)	weather report
der CD-Spieler (-)	CD player
die CD (s)	CD
die Stereoanlage (en)	stereo
der Walkman (-men)	personal stereo
der Kassettenrekorder (-)	cassette recorder
das Kassettendeck (s)	cassette deck
das Radio (s)	radio
der Videorekorder (-)	video recorder
die Videokassette/das Video (n/s)	video (cassette)
der Kopfhörer (-)	(set of) headphones
der Lautsprecher (-)	loudspeaker
die Kassette (n)	cassette
der Verstärker (-)	amplifier
die Band/die Gruppe (s/n)	band/group
der Jazz	jazz
die klassische Musik	classical music
die Popmusik	pop music
der Rap	rap
der Rock	rock
das Konzert (e)	concert
der Sänger/die ~in (-/nen)	singer
der Komiker/die ~in (-/nen)	comedian
der Schauspieler/die ~in (-/nen)	actor/actress
gut	good
toll*/prima*	great

fantastisch	fantastic
schlecht	bad
schrecklich/grauenhaft	awful, terrible
langweilig	boring
blöd	stupid
komisch/lustig	funny
urkomisch	hilarious
berühmt	famous, well-known
Lieblings- (+ noun)	favourite
interessant	interesting
in/angesagt	in, fashionable
modern	modern
avantgardistisch	avant-garde
vorziehen	to prefer
genießen	to enjoy
verabscheuen	to hate, detest
empfehlen	to recommend
(zu)hören	to listen (to)
hören	to hear
ansehen	to watch, look at
sehen	to see
meine Lieblingssendung	my favourite programme
das Konzert war Schrott!	the concert was rubbish!
ich sehe am liebsten Actionfilme	I like watching action movies best

Language in action

- Was kommt eigentlich heute Abend im Fernsehen?
- Warte, ich seh mal in der Zeitung nach.[...] Im Ersten läuft wieder mal so eine blöde Talkshow, da habe ich keine Lust drauf. Im ZDF fängt um 19.30 Uhr eine neue Serie an, die könnte ganz interessant sein.
- Worum geht's denn?
- 2000 Jahre Christentum - die erste Folge heisst Der Garten Eden.
- Das ist bestimmt todlangweilig! Was läuft denn sonst noch?
- Ein Dokumentarfilm, ein amerikanischer Actionfilm, ein Krimi, ein Familiendrama, immer das Gleiche.
- Ich habe sowieso keine Lust, den ganzen Abend vor der Glotze zu sitzen. Lass uns ins Kino gehen!

die Vorverkaufsstelle (n)	*advance booking office*
die Kasse (n)	*ticket/booking office*
die Eintrittskarte (n)	*ticket*
der Darsteller/die ~in (-/nen)	*performer*
der Star (s)	*star*
der Schauspieler/die ~in (-/nen)	*actor/actress*
die Rolle (n)	*character, role*
die Hauptrolle (n)	*leading role*
der Schurke/die ~in (en/nen)	*villain*
der Böse (n)	*baddie*
der Gute (n)	*good guy*
der Tänzer/die ~in (-/nen)	*dancer*
der Clown (s)	*clown*
der Akrobat/die ~in (en)	*acrobat*
das Publikum	*audience*
das Theater (-)	*theatre*
das Kino (s)	*cinema*
das Ballett (e)	*ballet*
die Oper (n)	*opera*
der Zirkus (se)	*circus*
der Film (e)	*film, movie*
der Horrorfilm (e)	*horror film*
der Krimi* (s)	*detective film*
der Abenteuerfilm (e)	*adventure film*
der Zeichentrickfilm (e)	*cartoon, animated film*
der Knüller* (-)	*blockbuster*
der Kassenschlager* (-)	*smash hit*
das Theaterstück (e)	*play*
das Konzert (e)	*concert*
die Zugabe (n)	*encore*
das Orchester (-)	*orchestra*
die Konzerthalle (n)	*concert hall*
die Bühne (n)	*stage*
der Vorhang (¨e)	*curtain*
der Rang (¨e)	*circle*
die Kulissen (*pl*)	*wings* (offstage)
der Bühneneingang (¨e)	*stage door*
die Garderobe (n)	*cloakroom*
der Regisseur/die ~in (e/nen)	*director/producer*

die Handlung (en)	plot
die Inszenierung (en)	production
der Untertitel (-)	subtitle
die Vorführung (en)	show, showing
die Vorstellung (en)	performance
die Disko (s)	disco
der (Nacht)klub (s)	(night)club
die Tanzfläche (n)	dance floor
die Arena (Arenen)	ring, arena
aggressiv	hard-hitting
entsetzlich	terrifying
aufwühlend	disturbing
toll*/prima*	great, fantastic
unterhaltsam	entertaining
gut gemacht	well done, well made
synchronisiert	dubbed
in Originalvertonung	with original soundtrack
mit Untertiteln	subtitled
Karten vorbestellen	to book tickets
wo wollen wir uns treffen?	where shall we meet?
wir treffen uns gegenüber vom Kino	we'll meet opposite the cinema
ich hole dich ab	I'll call round for you
das fand ich richtig gut	I really liked it
enttäuscht sein	to be disappointed
Erfolg haben	to be successful
keinen Erfolg haben	to be unsuccessful

Language in action

Kulturelle Ereignisse der Woche

Bremen: Besuchen Sie die Ausstellung Der blaue Reiter mit Werken von Kandinsky, Klee und Macke.

Stuttgart: Am Donnerstag ist die Lange Nacht der Museen: Alle Museen und Galerien der Stadt sind bis 2 Uhr morgens geöffnet.

Leipzig: Auf der Buchmesse stellen die Verlage ihr Herbstprogramm vor, mit Lesungen bekannter Schriftsteller.

Köln: Die Brit-Popper Oasis spielen am Freitag im E-Werk. Das Konzert ist schon ausverkauft, aber im Juni tritt die Gruppe in Berlin und Hamburg auf.

Berlin: In der Schaubühne am Leniner Platz läuft ab Donnerstag die umstrittene neue Inszenierung des Hamlet.

Hamburg: Auf dem Heiligengeistfeld beginnt am Freitag das traditionelle Volksfest Frühlingsdom. Zur Eröffnung gibt es Freibier!

das Lesen	*reading*
der Schriftsteller/die ~in (-/nen)	*writer*
der Autor/die Autorin (en/nen)	*author*
der Journalismus	*journalism*
der Journalist/die ~in (en/nen)	*journalist*
der Redakteur/die ~in (e/nen)	*editor*
der Reporter/die ~in (-/nen)	*reporter*
die Presse	*press*
die Boulevardpresse	*tabloid press*
die seriöse Presse	*quality press*
die Zeitung (en)	*newspaper*
die Sonntagszeitung (en)	*Sunday paper*
die Beilage (n)	*supplement*
die Zeitschrift (en)	*magazine*
die Illustrierte (n)	*glossy magazine*
die Modezeitschrift (en)	*fashion magazine*
die Männer-/Frauenzeitschrift (en)	*men's/women's magazine*
die Computerzeitschrift (en)	*computer magazine*
das Abo(nnement) (s)	*subscription*
die Schlagzeilen (*pl*)	*headlines*
der Artikel (-)	*article*
die Spalte (n)	*section*
die Kolumne (n)	*column*
der Leitartikel (-)	*editorial*
der Wirtschaftsteil (e)	*business section*
der Sportteil (e)	*sports section*
die Kleinanzeige (n)	*small ad*
die Besprechung (en)	*review*
das Kreuzworträtsel (-)	*crossword*
die Bildgeschichte/der Cartoon (n/s)	*strip cartoon*
das Foto (s)	*photo*
der Skandal (e)	*scandal*
das Buch ("er)	*book*
die Autobiographie (n)	*autobiography*
die Biographie (n)	*biography*
der Roman (e)	*novel*
der Detektiv-/Kriminalroman (e)	*detective/mystery novel*
der Liebesroman (e)	*romantic novel*

die Sciencefiction	science fiction, sci-fi
die erzählende Literatur	fiction
die Sachbücher (pl)	non-fiction
die Geschichte (n)	story/history
der Titel (-)	title
der Einband (¨e)	cover
täglich	daily
wöchentlich	weekly
monatlich	monthly
ergreifend	moving
langweilig	boring
lächerlich	absurd, ridiculous
faszinierend	fascinating
belletristisch	fictional
lustig	funny
interessant	interesting
ernst	serious
sensationell	sensational
anregend	stimulating
traurig	sad
wahr	true
echt	real, genuine
ausführlich	detailed
beschreiben	to describe
lesen	to read
erzählen	to relate, tell
abonnieren	to subscribe
Schlagzeilen machen	to hit the headlines
es geht um ...	it's about ...
auf dem (aller)neusten Stand bleiben	to keep up to date

Language in action

- Sie haben in den letzten drei Jahren drei Bestseller geschrieben. Wie erklären Sie sich Ihren Erfolg?
- Ich habe einfach versucht Bücher zu schreiben, die ich selbst gern lesen möchte. Das Glück dabei war, dass die Leser meine Krimis auch mochten.
- Wie werden Sie mit diesem sensationellen Erfolg fertig?
- Ich habe mich mittlerweile daran gewöhnt, dass mich jeder auf der Straße erkennt. Wenn es mir zu viel wird, ziehe ich mich in mein Haus an der Nordsee zurück und mache lange, einsame Strandwanderungen.
- Können Sie uns verraten, worum es in Ihrem neuen Roman geht?
- Nur, dass es diesmal kein Krimi wird. Lassen Sie sich überraschen!

die klassische Musik	*classical music*
die Oper (n)	*opera*
der Jazz	*jazz*
der Rock	*rock*
die Popmusik	*pop music*
das Orchester (-)	*orchestra*
die Band/die Gruppe (s/n)	*band, group*
der Dirigent/die ~in (en/nen)	*conductor*
der Künstler/die ~in (-/nen)	*performer*
der Sänger/die ~in (-/nen)	*singer*
der Songschreiber/die ~in (-/nen)	*songwriter*
das Instrument (e)	*instrument*
die Flöte (n)	*flute*
die Blockflöte (n)	*recorder*
die Oboe (en)	*oboe*
die Klarinette (n)	*clarinet*
das Fagott (e)	*bassoon*
die Geige (n)	*violin*
die Bratsche (n)	*viola*
das Cello (s/Celli)	*cello*
der Kontrabass (¨e)	*double bass*
die Trompete (n)	*trumpet*
die Posaune (n)	*trombone*
das Saxophon (e)	*saxophone*
das Klavier (e)	*piano*
die Orgel (n)	*organ*
das Schlagzeug	*drums, percussion*
die Harfe (n)	*harp*
die Gitarre (n)	*guitar*
das Keyboard (s)	*electronic keyboard*
der Verstärker (-)	*amplifier*
der Musiker/die ~in (-/nen)	*musician*
der Gitarrist/die ~in (en/nen)	*guitarist*
der Cellist/die ~in (en/nen)	*cellist*
der Geiger/die ~in (-/nen)	*violinist*
der Klavierspieler/die ~in (-/nen)	*pianist*
der Schlagzeuger/die ~in (-/nen)	*drummer*
die Saite (n)	*string*
der Bogen (-)	*bow*

die Taste (n)	key (on keyboard)
die Melodie (n)	tune
das Lied (er)	song
die Begleitung (en)	accompaniment
der Chor (¨e)	choir
der Sopran (e)	soprano/treble
der Alt (e)	alto
der Tenor (¨e)	tenor
der Bass (¨e)	bass
der Text (e)	words (of a song)
das Libretto (s/Libretti)	libretto
der Hit (s)	hit
die Aufnahme (n)	recording

laut	loud
leise	quiet
schrill	shrill, strident
hoch	high
tief	deep, low
melodisch	melodious

lernen	to learn
spielen	to play
singen	to sing
üben	to practise
komponieren	to compose
dirigieren	to conduct

sie spielt Klavier	she plays the piano
er spielt im Orchester	he plays in an orchestra
im Chor singen	to sing in a choir
eine Band gründen	to start/form a band

Language in action

Geoff, der Gründer und Sänger der Rockgruppe *Fusion*, war schon in seiner Kindheit von der klassischen Musik fasziniert. Mit sechs Jahren fing er an Klavier und Geige zu lernen. Später kam dann das Interesse an der Musik in anderen Ländern und Kulturen hinzu. Mit achtzehn ging er nach Indien und dann nach Südamerika. Als er nach Europa zurückkehrte, gründete er eine Band, mit der er alle diese Einflüsse zu einem ganz besonderen Stil verarbeitete: daher der Name *Fusion*. Die Gruppe verwendet sowohl traditionelle Musikinstrumente wie Geige und Oboe als auch folkloristische Instrumente. Geoff komponiert fast alle Songs selbst, und der Bassist der Gruppe, Tim Pearce, schreibt die Texte. [...]

das Spiel (e)	game
das Hobby (s)	hobby
das Tischlern	woodwork
das Töpfern	pottery
das Nähen	sewing
das Stricken	knitting
das Kochen	cooking
das Zeichnen	drawing
das Malen/die Malerei	painting
die Musik	music
das Lesen	reading
das Tanzen	dancing
das Singen	singing
die Gartenarbeit	gardening
das Fotografieren/ die Fotografie	photography
der Fotoapparat (e)	camera
die Sammlung (en)	collection
das Brettspiel (e)	board game
das Kartenspiel (e)	card game
das Schach	chess
das Damespiel	draughts
der Modellbau	model making
der Bausatz (¨e)	kit
das Kreuzworträtsel (-)	crossword
der Computer (-)	computer
die Maus (¨e)	mouse
die Tastatur (en)	keyboard
die CD-ROM (s)	CD ROM
der Bildschirm (e)	screen
der Drucker (-)	printer
das Internet	Internet
das (World Wide) Web	the (World Wide) Web
das Computerspiel (e)	computer game
das Videospiel (e)	video game
der Joystick (s)	joystick
das Gamepad (s)	joypad
der Feuerknopf (¨e)	fire button
nett	enjoyable
langweilig	boring
interessant	interesting

kreativ	*creative*
besessen	*obsessed*
sammeln	*to collect*
nähen	*to sew*
stricken	*to knit*
kochen	*to cook*
hören	*to listen (to)*
malen	*to paint*
tanzen	*to dance*
mit jemandem/etwas spielen	*to play with someone/ something*
sich amüsieren	*to enjoy oneself*
ich mag ...	*I like ...*
ich lese gern	*I like reading*
hassen	*to hate*
ich hasse Lesen	*I hate reading*
ich lese lieber	*I prefer reading*
ich tanze/singe sehr gerne	*I love dancing/singing*
ich langweile mich	*I'm bored*
Karten/Schach spielen	*to play/have a game of cards/chess*
ein Instrument spielen	*to play an instrument*
fernsehen	*to watch television*
Musik hören	*to listen to music*
etwas als Hobby tun	*to do something as a hobby*

Language in action

- Mama, Jan lässt mich nicht an den Computer!
- Was habt ihr denn nur immer mit dem Computer? Wann habt ihr zuletzt mit euren Spielsachen gespielt? Warum habt ihr keine Hobbys wie Malen oder Fotografieren? Oder wie wäre es mal mit einem Buch?
- Aber ich lese nicht gerne, ich hasse Malerei und ich interessiere mich nicht für Fotografie.
- Du könntest mit deinen Freunden in den Jugendklub gehen und Musik hören.
- Der Klub ist schrecklich, da sitzen alle nur rum und spielen Karten.
- Warum spielst du nicht mit deinem Bruder Schach?
- Ich habe dir doch gesagt, dass mir das keinen Spaß macht. Ich gehe fernsehen.
- Als ich jung war, konnten wir uns ohne Fernseher und Computer beschäftigen. Meine Generation musste selbst für Unterhaltung sorgen! Wir hatten interessante Hobbys. Deinen Vater zum Beispiel habe ich im Sportverein kennen gelernt. Warum gehst du nicht mit Papa Tennis spielen? Er würde sich so freuen.
- Tennis! Bloß nicht! Ich mache jetzt den Fernseher an.

das Restaurant (s)	*restaurant*
das Schnellrestaurant (s)	*fast food restaurant*
die Bar (s)	*bar*
die Terrasse (n)	*terrace*
die Toilette (n)	*toilet*
das Mineralwasser	*mineral water*
das Flaschenbier	*bottled beer*
das Fassbier	*draught beer*
der Weiß-/Rot-/Roséwein	*white/red/rosé wine*
die Flasche Wein	*bottle of wine*
der Aperitif (s)	*aperitif, pre-meal drink*
der Imbiss/der Snack (e/s)	*snack*
das Essen zum Mitnehmen	*takeaway*
das Sandwich (es)	*sandwich*
das Käse-/Schinkenbrot (e)	*a cheese/ham sandwich*
die Tageskarte (n)	*today's menu*
das Menü (s)	*(fixed price) menu*
die Speisekarte (n)	*(regular) menu*
die Vorspeise (n)	*first course, starter*
der Hauptgang (¨e)	*main course*
der Nachtisch (e)	*dessert*
der Salat (e)	*salad*
die Suppe (n)	*soup*
das Gemüse	*vegetables*
der Reis	*rice*
das Fleisch	*meat*
das Steak	*steak*
das Kotelett	*chop*
der Fisch	*fish*
der Käse	*cheese*
das Obst	*fruit*
der Kuchen (-)	*cake*
die Torte (n)	*gateau, cake*
das Eis	*ice cream*
die Soße	*sauce, gravy*
der Senf	*mustard*
das Öl	*oil*
der Essig	*vinegar*
das Brot	*bread*
die Rechnung (en)	*bill*
das Trinkgeld (er)	*tip*

der Kellner/die ~in (-/nen)	waiter/waitress
englisch gebraten/nicht durchgebraten	rare
halb durchgebraten	medium rare
durchgebraten	well done
bestellen	to order/book
mögen	to like
braten	to roast
grillen	to grill
kochen	to boil
probieren	to try/to taste
servieren	to serve
gießen	to pour
heute besonders zu empfehlen	today's special
die Bedienung ist inbegriffen	service is included
haben Sie schon bestellt?	have you already ordered?
haben Sie schon gewählt	are you ready to order?
was nimmst du?	what are you having?
ich hätte gern ...	I fancy ..., I would like ...
hätten Sie gern ...?	do you feel like having...?
ich nehme ein Omelett	I'm going to have an omelette
ich empfehle ...	I recommend ...
was darf ich Ihnen bringen?	what can I get you?
hallo!/Bedienung!	excuse me! (to waiter/ waitress)

Language in action

- Guten Abend! Haben Sie schon gewählt?
- Noch nicht. Was möchtest du, Markus?
- Als Vorspeise hätte ich gern Spargelcremesuppe und als Hauptgericht nehme ich das Rinderfilet, aber durchgebraten.
- Selbstverständlich. Und die Dame?
- Ich hätte als Vorspeise gern einen gemischten Salat. Und was können Sie mir als Hauptgericht empfehlen?
- Unsere Fischgerichte sind sehr empfehlenswert - oder unser Tagesgericht: Königsberger Klopse.
- Das habe ich ja noch nie gehört.
- Es ist eine deutsche Spezialität: Fleischklößchen in Kapernsoße. Dazu gibt es eine Gemüseplatte und Reis. Sehr zu empfehlen.
- Gut, dann nehme ich Königsberger Klopse.
- Und was trinken Sie?
- Ich hätte gern ein Mineralwasser und für meinen Mann ein großes Pils!

die Stadt (¨e)	*town/city*
die Stadtmitte	*town centre*
die Altstadt (¨e)	*old town*
das Gebäude (-)	*building*
der Block (¨e)	*block, building*
das Hochhaus (¨er)	*tower block*
das Bürogebäude (-)	*office block*
das Hotel (s)	*hotel*
das Einkaufszentrum (-zentren)	*shopping centre*
das Fremdenverkehrsbüro (s)	*tourist information office*
das Postamt (¨er)	*post office*
die Polizeiwache (n)	*police station*
das Krankenhaus (-häuser)	*hospital*
der Bahnhof (¨e)	*railway station*
die U-Bahn-Station (en)	*underground station*
der Busbahnhof (¨e)	*bus/coach station*
der Parkplatz (¨e)	*car park, parking lot*
das Parkhaus (¨er)	*multi-storey car park*
das Rathaus (¨er)	*town hall*
die öffentliche Bücherei (en)	*public library*
das Kino (s)	*cinema*
das Museum (Museen)	*museum*
das Kunstmuseum	*art museum*
das Theater (-)	*theatre*
die Konzerthalle (n)	*concert hall*
das Opernhaus (¨er)	*opera house*
die Kirche (n)	*church*
der Dom (e)	*cathedral*
die Synagoge (n)	*synagogue*
die Moschee (n)	*mosque*
der Turm (¨e)	*tower/steeple*
das Tor (e)	*gate*
das Sportzentrum (-zentren)	*sports centre*
die Eisbahn (en)	*ice rink*
das Schwimmbecken (-)	*swimming pool*
die Schule (n)	*school*
die Universität (en)	*university*
der Rundgang (¨e)	*walking tour*

die Gasse (n)	lane, narrow street
der Handelsplatz (·e)	trading town
die Sehenswürdigkeiten (pl)	sights

modern	modern
alt	old
historisch	historic(al)
malerisch	picturesque
schön	beautiful
hässlich	ugly
elegant	elegant
wichtig	important
bedeutend	important/considerable
beeindruckend/eindrucksvoll	impressive
empfehlenswert	to be recommended
angestrahlt	floodlit (building, monument)
riesig	huge, enormous
malerisch	picturesque
öffentlich	public
herrlich	magnificent, beautiful

treffen	to meet (by chance)
sich treffen mit	to meet (on purpose)
liegen	to be situated
stehen	to be (building, etc.)
stattfinden	to take place

wir treffen uns um sieben	we're meeting at seven
die Sehenswürdigkeiten besichtigen	to see the sights
für den Publikumsverkehr geöffnet	open to the public

Language in action

[...] Diese kleine malerische Stadt mit ihren vielen historischen Gebäuden war im Mittelalter ein wichtiger Handelsplatz. Einen Rundgang durch die Stadt beginnt man am besten am Marktplatz in der Altstadt. Im Schatten der Kirche aus dem Jahr 1348 findet dort immer noch jeden Samstag der Wochenmarkt statt.
Zu den wichtigsten Sehenswürdigkeiten gehören das gotische Rathaus und der Nordturm, ein altes Stadttor, in dem heute ein Heimatmuseum untergebracht ist. Besichtigen Sie auch das Kunstmuseum in der Hintergasse mit seiner bedeutenden Sammlung moderner Kunst. Vom früheren Reichtum der Stadt zeugen die gepflegten Herrenhäuser an der Weststraße. Am anderen Ende der Weststraße befindet sich ein modernes Geschäftsviertel mit Fußgängerzone. Hier und in der Altstadt finden Sie einige empfehlenswerte Restaurants [...]

die Straße (n)	street
die Hauptstraße (n)	main street
die Umgehungsstraße (n)	ring road
der Kreisverkehr	roundabout
die Kreuzung (en)	crossroads
die Brücke (n)	bridge
der Weg (e)	way/path
der Platz ("e)	square
die Fußgängerzone (n)	pedestrian precinct
der Brunnen (-)	fountain
die Bank ("e)	bench
der Abfalleimer (-)	litter bin
die Straßenlaterne (n)	street lamp
der Briefkasten (-kästen)	postbox, mailbox
die Telefonzelle (n)	telephone box
die Bushaltestelle (n)	bus stop
der Bürgersteig (e)	pavement, sidewalk
der Bordstein (e)	kerb
die Ecke (n)	corner
der Fußgängerüberweg (e)	pedestrian crossing
die Unterführung (en)	pedestrian subway
der Verkehr	traffic
die Ampel (n)	(set of) traffic lights
der Stau (s)	traffic jam
der Stadtteil (e)	district (of town)
der Vorort (e)	suburb
der Ort (e)	place
der Park (s)	park
die Mauer (n)	wall
der Zaun (Zäune)	fence
die Tür (en)	door
die Pforte (n)	gate
der Eingang ("e)	entrance
der Spielplatz ("e)	playground
fragen	to ask
suchen	to look for
finden	to find
liegen	to be (situated)
gehen	to go

vorbeigehen/vorbeikommen	*to pass*
zurückgehen	*to go back*
überqueren	*to cross*
fahren	*to drive*
weiterfahren	*to continue*
abbiegen	*to turn (off)*
nehmen	*to take*
spazieren	*to stroll*
spazieren gehen	*to go for a walk*
neben	*next to*
gegenüber	*opposite*
links/rechts	*(on the) left/right*
vor	*in front of*
hinter	*behind*
zwischen	*between*
unter	*under*
über	*over*
weit	*far*
nah(e)	*near*
daneben	*next to it/them*
direkt	*direct/directly*
zu Fuß gehen	*to go on foot*
wie komme ich dorthin?	*how do I get there?*
auf der Straße	*in the street*
am Bahnhof	*at the station*
zentral gelegen	*centrally situated*
die Straße entlang	*along the street*
hier/da drüben	*over here/there*
links/rechts abbiegen	*to turn left/right*
genau im Zentrum von Leipzig	*right in the middle of Leipzig*

Language in action

- Können Sie mir ein gutes, zentral gelegenes Hotel empfehlen?
- Das Hotel zur Post liegt direkt im Zentrum, in der Poststraße.
- Und wie komme ich dorthin?
- Vor hier aus gehen Sie immer die Hauptstraße entlang, bis Sie zu einer großen Kreuzung kommen. Dort gehen Sie links und dann nehmen Sie die zweite Straße rechts. Dann kommen Sie an der Post vorbei und direkt daneben liegt das Hotel. Sie können von hier aus aber auch den Bus Linie 12 bis zur Post nehmen.
- Und wie kommt man vom Hotel aus zum Dom?
- Das ist gar nicht weit. Wenn Sie aus dem Hotel kommen, gehen Sie rechts bis zur Ampel und dann links, bis Sie zu einem kleinen Platz mit einem Brunnen kommen. Dort biegen Sie wieder links in eine kleine Gasse ab, und am Ende der Gasse sehen Sie schon den Dom.

die Bank (en)	*bank*
die Zweigstelle (n)	*branch*
der Geldautomat (en)	*cashpoint/cash dispenser*
die Geheimnummer (n)	*PIN*
der Vorraum ("e)	*lobby*
der Schreibtisch (e)	*desk*
das Bankkonto (-konten)	*bank account*
das Sparkonto (-konten)	*savings account*
der Kontostand ("e)	*account balance*
die Scheckkarte (n)	*cheque card*
die Kreditkarte (n)	*credit card*
der Scheck (s)	*cheque*
der Reise-/Travellerscheck (s)	*traveller's cheque*
die Unterschrift (en)	*signature*
das Bargeld	*cash*
das Pfund	*pound (sterling)*
der Geldschein (e)	*banknote*
die Münze (n)	*coin*
das Kleingeld	*change*
die Überweisung (en)	*transfer/remittance*
der Dauerauftrag ("e)	*standing order*
das Darlehen/der Kredit (-/e)	*loan*
die Hypothek (en)	*mortgage*
das Formular (e)	*form*
das Bewerbungsformular (e)	*application form*
der Identitätsnachweis (e)	*proof of identity*
die Öffnungszeiten (*pl*)	*opening hours*
die Post	*post office/post, mail*
der Briefkasten (-kästen)	*postbox, mailbox*
die Leerung (en)	*postal collection*
der Briefträger/die ~in (-/nen)	*postman/-woman*
der/die Schalterangestellte (n)	*counter assistant*
der Schalter (-)	*counter*
der Brief (e)	*letter*
die Eilsendung (en)	*express letter*
die Postkarte (n)	*postcard*
der Briefumschlag ("e)	*envelope*
das Paket (e)	*parcel, package*
die Briefmarke (n)	*stamp*

die Postanweisung (en)	*postal order*
die Telefonkarte (n)	*phone card*
eingeschrieben	*registered*
frankiert	*stamped*
einzahlen	*to pay money in*
abheben	*to take money out*
einbehalten	*to withhold*
unterschreiben	*to sign*
schreiben	*to write*
schicken	*to send*
wiegen	*to weigh*
überlegen	*to think*
einen Scheck ausstellen	*to write a cheque*
ein Scheck über fünfzig Pfund	*a cheque for £50*
ein Konto eröffnen	*to open an account*
ein wattierter Umschlag	*a padded envelope*
einen Brief abschicken	*to post/send a letter*
per Luftpost	*by airmail*
sonntags kommt keine Post	*there's no post on Sundays*
ein frankierter Rückumschlag	*a stamped addressed envelope*
zur Sicherheit	*for safety's sake*

Language in action

In der Bank

- Guten Tag. Können Sie mir helfen? Ich habe gerade meine Scheckkarte in den Geldautomaten im Vorraum gesteckt und der Automat hat die Karte einfach einbehalten! So etwas! Das ist mir ja noch nie passiert!
- Beruhigen Sie sich! Sagen Sie mir mal genau, was passiert ist.
- Also, ich wollte 300 Mark abheben und habe meine Karte reingesteckt. Als der Automat meine Geheimnummer wissen wollte, musste ich erst überlegen - ich bin ja auch nicht mehr die Jüngste, und diese ganzen Geheimnummern, die kann ja kein Mensch behalten. Und als mir die Nummer dann endlich einfiel, schwupp, da war die Karte weg!
- Ja, da haben Sie wohl zu lange nachgedacht! Nach einer Minute wird in solchen Fällen die Karte einbehalten. Zur Sicherheit! Jetzt müssen Sie leider dieses Formular ausfüllen, und in ein paar Tagen haben Sie eine neue Scheckkarte.

das Auto (s)	car
das Taxi (s)	taxi
der Lastwagen (-)	truck
der Sattelzug ("e)	articulated truck
der Lieferwagen (-)	van
der Wohnwagen (-)	caravan, trailer (US)
der Campingwagen (-)	camper van
der Vier-/Allradantrieb	four-wheel drive
das Motorrad ("er)	motorbike
das Moped (s)	moped
das Fahrrad ("er)	bicycle
das Rad ("er)	bike
der Bus (se)	bus/coach
der Zug ("e)	train
der Intercity, IC (s)	express train
der Interregio, IR (s)	regional train
der Wagen/Waggon (-/s)	coach (of train)
die U-Bahn (en)	underground, subway
das Boot (e)	boat
die Fähre (n)	ferry
der Kanaltunnel	Channel tunnel
das Shuttle	Shuttle
das Flugzeug (e)	aeroplane
das Schiff (e)	ship
die Autobahn (en)	motorway, freeway
die Auffahrt (en)	slip road
die Bundesstraße (n)	federal highway
die Spur (en)	lane (on road)
die Reise (n)	journey
die Entfernung (en)	distance
das Ziel (e)	destination
die Geschwindigkeit (en)	speed
der Fahrer/die Fahrerin (-/nen)	driver
der Passagier (e)	passenger (in plane/ship)
der Fahrgast ("e)	passenger (in train/bus)
die Fahrkarte (n)	ticket (underground/bus/ train)
der Flugticket (s)	plane ticket
der Anhalter/die ~in (-/nen)	hitch-hiker

die Tankstelle (n)	petrol station, gas station
die Raststätte (n)	(motorway) services
reisen	to travel
abfahren	to leave/set off
ankommen	to arrive
fahren	to drive
halten	to stop
parken	to park
einsteigen	to get on
umsteigen	to change
aussteigen	to get off
öffentliche Verkehrsmittel (pl)	public transport
mit der Bahn/dem Bus fahren	to travel by train/bus
mit dem Auto/dem Rad fahren	to travel by car/bike
mit dem Flugzeug fliegen	to travel by plane
zu Fuß gehen	to go on foot
die Fähre nehmen	to take the ferry
hundert Kilometer pro Stunde fahren	to travel at 100 kilometres an hour
per Anhalter fahren	to hitch-hike
während der Stoßzeit	during the rush hour
sie fahren wie die Verrückten!	they drive like maniacs!

Language in action

- Was macht ihr dieses Jahr in den Ferien?
- Wir besuchen meine Tante in England.
- Fliegt ihr?
- Nein, wir fahren mit dem Auto durch Belgien und dann mit der Fähre von Ostende nach Dover. Ich habe ja ein bisschen Angst vor dem Linksverkehr, aber das werden wir schon schaffen.
- Warum fahrt ihr nicht durch den Kanaltunnel?
- Erstens ist die Fahrt bis Calais weiter als nur bis nach Ostende, und zweitens ist mir der Tunnel doch irgendwie unheimlich! Und habt ihr schon Ferienpläne?
- Wir fahren mit der Bahn nach Südfrankreich. Die Hochgeschwindigkeitszüge in Frankreich sind super, viel schneller und bequemer als früher. Ich fahre viel lieber mit der Bahn als mit dem Auto.
- Das glaube ich dir! Der Verkehr in Frankreich ist ja schrecklich! Sie fahren wie die Verrückten!
- Und an der Côte d'Azure kann man auch besser mit öffentlichen Verkehrsmitteln fahren. Auf den Straßen ist sowieso immer nur Stau!

das Rad (¨er)	*wheel*
das Vorderrad	*front wheel*
das Hinterrad	*rear wheel*
das Reserverad	*spare wheel*
der Reifen (-)	*tyre*
die Tür (en)	*door*
das Fenster (-)	*window*
die Windschutzscheibe (n)	*windscreen, windshield*
der Scheibenwischer (-)	*windscreen wiper*
die Stoßstange (n)	*bumper, fender*
der Scheinwerfer (-)	*headlight*
die Begrenzungsleuchte (n)	*sidelight*
der Blinker (-)	*indicator*
das Bremslicht (er)	*brake light*
die Motor-/Kühlerhaube (n)	*bonnet, hood (US)*
der Kofferraum (¨e)	*boot, trunk (US)*
der Motor (en)	*engine*
die Batterie (n)	*battery*
der Auspuff (e)	*exhaust*
der Kühler (-)	*radiator*
der Tank (s)	*fuel tank*
das (bleifreie) Benzin	*(unleaded) petrol*
das Diesel	*diesel*
das Öl	*oil*
das Gefrierschutzmittel	*antifreeze*
die Bremsflüssigkeit	*brake fluid*
der Sitz (e)	*seat*
der Vorder-/Rücksitz (e)	*front/back seat*
der Sicherheitsgurt (e)	*seatbelt*
das Lenkrad (¨er)	*steering-wheel*
die Lenkung	*steering*
die Bremse (n)	*brake*
die Handbremse (n)	*handbrake*
das Gas(pedal) (e)	*accelerator (pedal)*
der Gang (¨e)	*gear*
der Schaltknüppel (-)	*gearstick, gearshift*
die Kupplung	*clutch*
das Autoradio (s)	*car radio*
das Armaturenbrett (er)	*dashboard*
die Anzeige (n)	*dial*

das Nummernschild (er)	*number plate*
die Warnleuchte (n)	*warning light (on dashboard)*
der Rückspiegel (-)	*rearview mirror*
die Steuerplakette (n)	*tax disc*
der Führerschein (e)	*driving licence*
die Straßenverkehrsordnung	*highway code*
das Bordwerkzeug (e)	*tool kit (for vehicle)*
der Wagenheber (-)	*jack*
der Schraubenschlüssel (-)	*spanner/key*
das Handbuch (¨er)	*manual*
die Autowerkstatt (¨en)	*garage (for repairs)*
der Mechaniker/die ~in (-/nen)	*mechanic*
der Abschleppwagen (-)	*breakdown truck*
der Gebrauchtwagen (-)	*second-hand car*
die Probefahrt	*test drive*
fahren	*to drive*
anspringen	*to start (engine)*
langsamer fahren	*to slow down*
beschleunigen	*to accelerate*
bremsen	*to brake*
eine Panne haben	*to break down*
eine Reifenpanne haben	*to have a flat tyre*
das Auto springt nicht an	*the car won't start*
die Batterie ist leer	*the battery's flat*
bleifrei tanken	*to use unleaded petrol*
einen Verkehrsunfall haben	*to have a road accident*
gepflegt sein	*to be in good condition*

Language in action

- Guten Morgen. Ich habe gesehen, dass Sie einen Gebrauchtwagen zu verkaufen haben. Wie alt ist der Wagen denn?
- Fünf Jahre. Er ist sehr gepflegt, wir haben ihn jedes Jahr zur Inspektion gebracht und er hat kürzlich noch neue Reifen und einen neuen Auspuff bekommen.
- Und der Kilometerstand?
- Nur 30 000 Kilometer. Das Auto gehörte meiner Mutter und sie ist nie weite Strecken damit gefahren. Sie hat es jede Woche gewaschen und meistens stand es in der Garage.
- Und war der Wagen schon mal in einen Unfall verwickelt?
- Nein, nie.
- Das hört sich ja interessant an. Kann ich mal eine Probefahrt machen?
- Gerne - aber ich komme mit!

34 The countryside & farm animals

das Land	country(side)
das Dorf ("er)	village
der Weiler (-)	hamlet
der Berg (e)	mountain/hill
der Hügel (-)	hill (lower)
der Hang ("e)	hillside
der Fluss ("e)	river
das Ufer (-)	river bank
der Bach ("e)	stream
der See (n)	lake
der Teich (e)	pond
der Weg (e)	small road/track
der Fußweg (e)	footpath
der Wald ("er)	forest/wood
der Obstgarten (")	orchard
der Obstbaum (-bäume)	fruit tree
der Apfelbaum (-bäume)	apple tree
der Birnbaum (-bäume)	pear tree
der Pflaumenbaum (-bäume)	plum tree
der Aprikosenbaum (-bäume)	apricot tree
der Pfirsichbaum (-bäume)	peach tree
die Erde	earth/soil
das Feld (er)	field
die Wiese (n)	meadow
der Zaun (Zäune)	fence
der Elektrozaun	electric fence
die Hecke (n)	hedge
das Gatter (-)	gate (in field)
der Bauernhof ("e)	farm
das Bauernhaus (-häuser)	farmhouse
der Hof ("e)	farm/farmyard
der Stall ("e)	stable
der Kuhstall ("e)	cowshed
die Scheune (n)	barn
der Schuppen (-)	shed
die Landwirtschaft	farming/agriculture
der Bauer/die Bäuerin (n/nen)	farmer
der Landarbeiter/die ~in (-/nen)	farm worker
der Weinberg (e)	vineyard

der Winzer/die ~in (-/nen)	*winegrower*
das Gras	*grass*
die Wildblume (n)	*wild flower*
das Heu	*hay*
der Weizen	*wheat*
der Mais	*maize*
die Gerste	*barley*
der Roggen	*rye*
das Stroh	*straw*
die Ernte (n)	*crop/harvest*
das Vieh	*farm animals/cattle*
die Kuh (¨e)	*cow*
der Ochse (n)	*bullock*
der Bulle/der Stier (n/e)	*bull*
das Lamm (¨er)	*lamb*
das Schaf (e)	*sheep*
die Ziege (n)	*goat*
das Schwein (e)	*pig*
die Henne (n)	*hen*
der Hahn (¨e)	*cock*
das Huhn (¨er)	*chicken*
die Ente (n)	*duck*
die Gans (¨e)	*goose*
das Pferd (e)	*horse*
die landwirtschaftlichen Erzeugnisse (*pl*)	*farm produce*
der Traktor (en)	*tractor*
der Anhänger (-)	*trailer*
das Gerät (e)	*tool*

Language in action

- Was macht ihr dieses Jahr in den Ferien?
- Wir machen mal ganz was anderes: Ferien auf dem Bauernhof! Die Kinder haben sich letztes Jahr im Flugzeug nach Spanien so schlecht benommen, dass wir diesmal nicht fliegen wollen. Wir fahren nach Bayern und verbringen drei Wochen auf einem abgelegenen Bauernhof.
- Wird es den Kindern da nicht zu langweilig?
- Überhaupt nicht! Zu dem Bauernhof gehört ein Obstgarten mit Apfel- und Birnbäumen, ein Teich mit Enten und Fischen, und eine große Weide für die Ziegen, Schafe und Kühe. Die Kinder können bei der Ernte helfen und mit dem Bauern Traktor fahren. Morgens können sie die Hühner und Enten füttern, die Kühe auf die Weide bringen und dann reiten oder angeln gehen.

das Tier (e)	*animal*
der Löwe (n)	*lion*
der Tiger (-)	*tiger*
der Elefant (en)	*elephant*
der Affe (n)	*monkey*
der Gorilla (s)	*gorilla*
die Giraffe (n)	*giraffe*
das Nilpferd (e)	*hippopotamus*
das Nashorn ("er)	*rhinoceros*
das Zebra (s)	*zebra*
der Bär (en)	*bear*
der Wolf ("e)	*wolf*
der Fuchs ("e)	*fox*
die Eule (n)	*owl*
der Hase (n)	*hare*
das Kaninchen (-)	*rabbit*
die Maus ("e)	*mouse*
die Fledermaus ("e)	*bat*
die Ratte (n)	*rat*
das Eichhörnchen (-)	*squirrel*
der Hirsch (e)	*deer*
die Schlange (n)	*snake*
der Frosch ("e)	*frog*
die Eidechse (n)	*lizard*
der Pinguin (e)	*penguin*
der Delphin (e)	*dolphin*
der Wal (e)	*whale*
der Fisch (e)	*fish*
der Hai (e)	*shark*
der Tintenfisch (e)	*octopus*
der Vogel (˙)	*bird*
der Adler (-)	*eagle*
die Krähe (n)	*crow*
die Amsel (n)	*blackbird*
die Lerche (n)	*lark*
das Rotkehlchen (-)	*robin*
der Sperling (e)	*sparrow*
die Schwalbe (n)	*swallow*
der Schwanz ("e)	*tail*

der Flügel (-)	wing
das Bein (e)	leg
die Pfote (n)	paw
die Feder (n)	feather
das Fell (e)	fur

flink	agile
ungeschickt	clumsy
schnell	fast
langsam	slow
schwer	heavy
aggressiv	aggressive
sanft	docile
scheu	shy
haarig	hairy/furry
Pflanzen fressend	herbivorous
Fleisch fressend	carnivorous

beobachten	to observe, watch
jagen	to hunt, to chase
leben	to live
bewohnen	to inhabit
rennen	to run
fliegen	to fly
hören	to hear
sich verstecken	to hide
entkommen	to escape
(ver)folgen	to follow

| vom Aussterben bedroht sein | to be threatened with extinction |
| unter Naturschutz stehen | to be a protected species |

Language in action

Liebe Tante Maria!

Heute haben wir einen Ausflug zum Zoo gemacht. Anna war besonders von den Löwen und Tigern fasziniert, die gerade Junge haben. Sie sind gar nicht aggressiv und lassen sich gerne fotografieren! Tom fand die Affen am lustigsten, es gibt dort über 30 verschiedene Arten, die zum Teil vom Aussterben bedroht sind. Für Susi sind die Pinguine immer das Schönste, und die Delphine, die so tolle Kunststücke vormachen. Es gibt sogar zwei neugeborene Nilpferde im Zoo! Und in einer besonderen Ausstellung konnte man die Nachttiere beobachten, z.B. Eulen und Fledermäuse, die man sonst selten zu sehen bekommt.

Mit vielen Grüßen,

deine Hella

die Blume (n)	flower
der Baum (¨e)	tree
der Obstbaum (¨e)	(fruit) tree
der Busch (¨e)	bush
die Knospe (n)	bud
das Blütenblatt (¨er)	petal
das Blatt (¨er)	leaf
das Laub	foliage
die Wurzel (n)	root
der Stamm (¨e)	trunk
der Ast (Äste)	branch
die Borke (n)	bark
der Samen (-)	seed
die Pflanze (n)	plant
die Kletterpflanze	climbing plant
der Ableger (-)	cutting
der Pollen	pollen
die Rose (n)	rose
der Rosenstrauch (¨er)	rose bush
die Nelke (n)	carnation
die Tulpe (n)	tulip
die Osterglocke (n)	daffodil
die Lilie (n)	lily
die Iris (-)	iris
das Stiefmütterchen (-)	pansy
die Geranie (n)	geranium
das Gänseblümchen (-)	daisy
die Orchidee (n)	orchid
die Azalee (n)	azalea
die Hortensie (n)	hydrangea
der Flieder (-)	lilac
der Efeu	ivy
die Kiefer (n)	pine tree
die Tanne (n)	fir tree
die Eiche (n)	oak tree
die Birke (n)	birch tree
die Buche (n)	beech tree
die Esche (n)	ash tree
die Trauerweide (n)	weeping willow

der Apfelbaum (¨e)	apple tree
der Birnbaum (¨e)	pear tree
der Kirschbaum (¨e)	cherry tree
der Mandelbaum (¨e)	almond tree
die Kastanie (n)	chestnut tree
der Dünger	fertilizer
die Blütezeit (en)	flowering period
frisch	fresh
trocken	dry
belaubt	leafy
sonnig	sunny
geschützt	sheltered
feucht	damp, moist
immergrün	evergreen
pflegeleicht	easy-care (plant)
pflanzen	to plant
säen	to sow
graben	to dig
gießen	to water
düngen	to fertilize
schneiden	to cut
beschneiden	to prune
vermehren	to propagate
ernten	to harvest
riechen (nach)	to smell (of)
pflücken	to pick flowers/fruit
Schatten geben	to give shade
immergrün	evergreen
Laubbäume	deciduous trees
in der Sonne	in the sun
im Schatten	in the shade

Language in action

Hedera - Efeu

Eine immergrüne Kletterpflanze mit drei- bis fünfeckigen Blättern. Im Freien klettert das Efeu bis zu 30 Meter hoch und eignet sich gut zum Beranken von Wänden und Zäunen im Schatten und Halbschatten. Die Blütezeit des Efeus ist im September und Oktober, und es gibt viele Arten mit verschiedenen Blattvariationen. Das Efeu ist eine pflegeleichte Zimmerpflanze, die auch noch in der dunkelsten Ecke gedeiht. Allerdings sollte man es einmal im Monat mit der Schere beschneiden. Im Sommer muss man es gießen, sobald der Boden trocken wird, im Winter nur hin und wieder. Vom Frühling bis zum Herbst sollte man es alle drei Wochen düngen.

der Sport	sport
die Leichtathletik	athletics
der Crosscountry	cross-country (running)
das Schwimmen	swimming
der Fußball	football, soccer
das Rugby	rugby
der Basketball	basketball
das Badminton	badminton
das Squash	squash
der Handball	handball
das Boxen	boxing
das Radfahren	cycling
das Golf	golf
das Tennis	tennis
das Segeln	sailing
das Windsurfen	windsurfing
der Weitsprung/der Hochsprung	long/high jump
der Lauf (¨e)	race (athletics)
der Langstreckenlauf (¨e)	long-distance race
die Kampfsportarten (pl)	martial arts
das Judo	judo
das Schlittschuhlaufen	ice-skating
das Rollschuhlaufen	roller-skating
das Reiten	horse-riding
das Sportzentrum (-zentren)	sports centre
das Schwimmbecken (-)	swimming pool
der Fußballplatz (¨e)	football pitch
der Basketballplatz (¨e)	basketball court
der Tennisplatz (¨e)	tennis court
der Golfplatz (¨e)	golf course
der Ball (¨e)	ball (outdoor sports)
der Schläger (-)	racket
der Golfschläger (-)	golf club (implement)
der Golfklub (s)	golf club (association)
die Rollschuhe (pl)	roller skates
die Inliners (pl)	rollerblades
die Schlittschuhe (pl)	ice skates
die Turnschuhe (pl)	trainers
die Fußballschuhe (pl)	football boots
der Badeanzug (¨e)	swimsuit
die Badehose (n)	(pair of) swimming trunks

das Fahrrad (¨er)	*bicycle*
das Mountainbike (s)	*mountain bike*
furchtbar	*awful/awfully*
müde	*tired*
erschöpft	*exhausted*
laufen	*to run*
joggen	*to jog/go jogging*
springen	*to jump*
werfen	*to throw*
schießen	*to shoot (at goal)*
schwimmen	*to swim*
sich aufwärmen	*to warm up*
trainieren	*to train*
Sport treiben	*to do sports*
ein Tor schießen	*to score a goal*
um die Wette rennen/ schwimmen	*to take part in a running/ swimming race*
Fußball/Tennis spielen	*to play football/tennis*
unsportlich sein	*to be useless at sports*
sportlich/sportbegeistert sein	*to be sporty*
wie fühlst du dich denn?	*so how do you feel?*
haushoch schlagen	*to win hands down*
haushoch verlieren	*to be beaten hollow*
völlig fertig sein	*to be completely worn out*
die Beine tun mir weh	*my legs ache*
sich erholen	*to have a rest*

Language in action

- Das war ein tolles Match! Wie fühlst du dich?
- Ich bin total erschöpft! Die Beine tun mir so weh, dass ich kaum noch gehen kann. Und dabei habe ich haushoch verloren! Wie fühlst du dich denn?
- Ich fühle mich prima. Sport ist gut für die Gesundheit!
- Du spinnst ja wohl. Ich bin völlig fertig.
- Warte mal ab, wir gehen jetzt eine halbe Stunde schwimmen und danach geht es dir wieder besser!
- Eine halbe Stunde schwimmen? Ohne mich! Ich muss mich jetzt erstmal erholen, ich gehe ins Café!
- Nein, du brauchst jetzt Bewegung! Wenn du regelmäßig Sport treibst, fühlst du dich viel besser. Ich gehe jeden Tag eine Stunde ins Fitnesscenter, dann jogge ich durch den Park und meistens gehe ich auch noch schwimmen. Morgen spiele ich mit meinen Kollegen Basketball, warum kommst du nicht auch mit?
- Nein danke! Basketball ist überhaupt nicht mein Ding! Ich komme langsam zu dem Ergebnis, dass ich einfach kein sportlicher Typ bin.

der Fußball	football
das Rugby	rugby
das Tennis	tennis
die Leichtathletik	athletics
der Pferderennsport	horseracing
das Spiel (e)	match
die Mannschaft (en)	team
der Schiedsrichter/die ~in (-/nen)	referee/umpire
der Trainer/die ~in (-/nen)	coach, trainer
der Kapitän/die ~in (e/nen)	captain
der Spieler/die ~in (-/nen)	player
der Fußballspieler/die ~in (-/nen)	footballer
der Rugbyspieler/die ~in (-/nen)	rugby player
der Torwart/die ~in (e/nen)	goalkeeper
der Zuschauer/die ~in (-/nen)	spectator
der Fan (s)	supporter
der Finalist/die ~in (en/nen)	finalist
der Meister/die ~in (-/nen)	champion
der Sieger/die ~in (-/nen)	winner
der Verlierer/die ~in (-/nen)	loser
der Rivale/die ~in (n/nen)	rival
die Tabelle (n)	league table
der Angriff (e)	attack
die Verteidigung	defence
die Verwarnung (en)	warning
das Foul (s)	foul
der Elfmeter (-)	penalty
das Stadion (Stadien)	stadium
der Fußballplatz (¨e)	football pitch
das Tor (e)	goal
das Netz (e)	net
der Ball (¨e)	ball
der Punkt (e)	point
das Ergebnis (se)	result
das Unentschieden (-)	draw
der Sieg (e)	victory
der Pokal (e)	cup
die Medaille (n)	medal
das Turnier (e)	tournament
der Wettbewerb (e)	competition

das Endspiel (e)	final
die Saison (s)	season
die erste/zweite Halbzeit	first/second half
spannend	exciting
beliebt	popular
verunsichert	insecure
nervös	nervous
schließlich	finally
spielen	to play
trainieren	to train
laufen	to run
gewinnen	to win
schlagen	to defeat
verlieren	to lose
angreifen	to attack
verletzen	to injure
verweisen	to expel/send off
schießen	to shoot (at goal)
einen Punkt machen	to score a point
aus dem Wettbewerb werfen	to eliminate
an etwas teilnehmen	to take part in something
unentschieden ausgehen	to end in a draw
1:1 unentschieden spielen	to draw one all
ins Halbfinale kommen	to reach the semi-final
regelwidrig spielen/foulen	to commit a penalty/to foul
einen Rekord brechen	to break a record
wie steht es?	what's the score?
ein entscheidendes Spiel	a decider (game)

Language in action

Bayern München - München 1860   1:2

Ausgerechnet gegen den Lokalrivalen TSV München 1860 verlor der
FC Bayern München gestern ein entscheidendes Spiel. München
1860 überließ dem Tabellenführer zwar zuerst die Initiative, doch
seine schnellen Konterangriffe wurden immer wieder gefährlich.
Allein in den ersten acht Minuten hatte München 1860 drei klare
Torchancen, und in der 23. Minute schoss Martin Max unhaltbar das
1:0. Obwohl den Bayern nach wenigen Minuten der Ausgleich zum
1:1 gelang, wirkte der FC Bayern München verunsichert und nervös
und das führte kurz vor der Pause zu einem klassischen Eigentor von
Torwart Oliver Kahn. In der zweiten Halbzeit musste der FC Bayern
München ohne den verletzten Effenberg antreten und es kam Hektik
ins Spiel. Nach einem Foul an Elber schossen die Bayern einen
Elfmeter an die Latte und es blieb schließlich beim 1:2.

die Bewegung	*exercise*
das Fitnesstraining	*keep-fit*
das Aerobic	*aerobics*
das Jogging	*jogging*
das Sportzentrum (-zentren)	*sports centre*
das Fitnesscenter (-centren)	*fitness centre, gym*
die Turnhalle (n)	*gym*
die Ausrüstung	*sports equipment*
die Matte (n)	*mat*
die Gewichte (*pl*)	*weights*
das Bauchmuskeltraining (*sg*)	*abdominals*
die Liegestütze (*pl*)	*press-ups*
die Kniebeugen (*pl*)	*squats*
der Körperbau	*physique*
die Figur (en)	*figure*
die Ernährung	*diet* (what one eats)
die Diät (en)	*diet* (special, slimming)
das Obst	*fruit*
das Gemüse (*sg*)	*vegetables*
die Süßigkeiten (*pl*)	*sweet things*
das Kohle[n]hydrat (e)	*carbohydrate*
die Kalorie (n)	*calorie*
das Protein (e)	*protein*
das Vitamin (e)	*vitamin*
das Fett (e)	*fat*
das Cholesterin	*cholesterol*
der Zucker	*sugar*
die Sucht (en)	*addiction*
die Drogensucht	*drug addiction*
der Tabak (e)	*tobacco*
die Zigarette (n)	*cigarette*
das Nikotin	*nicotine*
der Teer	*tar*
die Drogen (*pl*)	*drugs*
der Alkohol	*alcohol*
der Raucher/die ~in (-/nen)	*smoker*
der/die Drogensüchtige (n)	*drug addict*
der Alkoholiker/die ~in (-/nen)	*alcoholic*
gesund	*healthy* (person, diet)
dick	*fat*

dünn	thin
schwach	weak
stark	strong
kräftig	firm, powerful
anorektisch/magersüchtig	anorexic
bulimisch	bulimic
nahrhaft	nutritious
fetthaltig	fatty (food)
zunehmen	to put on weight
abnehmen	to lose weight
sich anstrengen	to exert oneself
rauchen	to smoke
trinken	to drink
Drogen nehmen	to take drugs (narcotics)
ein gesundes Leben	a healthy lifestyle
Sport treiben	to do sports
sich aufwärmen	to warm up
sich Bewegung verschaffen	to take exercise
Liegestütze machen	to do press-ups
bei guter/schlechter Gesundheit sein	to be in good/bad health
fit/nicht fit sein	to be fit/unfit
sich fit hialten	to keep fit
Diät machen	to go on/be on a diet
der Fettgehalt	the fat content
Bio-Lebensmittel (pl)	organic food
mit dem Rauchen aufhören	to give up smoking

Language in action

Fitnesstraining und Ernährungsprogramm für Piloten

Vormittags

1 Stunde Radfahren
Lockerungsübungen
Bauchmuskeltraining
100 Liegestütze

Abends

30 Minuten Aufwärmen
1 Stunde Krafttraining
30 Minuten Lockerungs- und Entspannungsübungen
Piloten müssen ständig fit sein und dazu ist neben dem Sport eine gesunde Ernährung besonders wichtig. Auf dem Ernährunsplan stehen wenig Fett und Zucker, dafür viel frisches Gemüse, Vollkornprodukte und etwas Fleisch. Damit ist für die nötigen Vitamine, Eiweiße und Kohlenhydrate gesorgt. Rauchen, Alkohol und Drogen sind absolut verboten.

die Grippe	*flu*
die Erkältung (en)	*cold*
das Fieber	*temperature*
der Husten	*cough*
die Kopfschmerzen (*pl*)	*headache*
die Halsschmerzen (*pl*)	*sore throat*
die Zahnschmerzen (*pl*)	*toothache*
die Bauchschmerzen (*pl*)	*stomach ache*
die Verdauungsstörung	*indigestion*
der Durchfall	*diarrhoea*
die Allergie (n)	*allergy*
die Infektionskrankheit (en)	*infectious illness*
die Hepatitis	*hepatitis*
die Masern (*pl*)	*measles*
die Röteln (*pl*)	*German measles*
die Windpocken (*pl*)	*chickenpox*
der Unfall (¨e)	*accident*
der Knochenbruch (¨e)	*fracture*
der Gipsverband (¨e)	*plaster cast*
der Schnitt (e)	*cut*
die Wunde (n)	*wound*
die Verstauchung (en)	*sprain*
die Verbrennung (en)	*burn*
die Entzündung (en)	*inflammation*
die Operation (en)	*operation*
die Stiche (*pl*)	*stitches*
die Blutübertragung (en)	*blood transfusion*
der Krebs	*cancer*
der Lungen-/Brustkrebs	*lung/breast cancer*
der Herzinfarkt (e)	*heart attack*
der Schlaganfall (¨e)	*stroke*
die Blinddarmentzündung	*appendicitis*
die Blutung (en)	*haemorrhage*
der Knochen (-)	*bone*
das Blut	*blood*
die Haut	*skin*
der Muskel (n)	*muscle*
der Blutspender/die ~in (-/nen)	*blood donor*
krank	*ill*
(schwer) verletzt	*(seriously) injured*

gebrochen	*broken*
schwer/schlimm	*serious*
bewusstlos	*unconscious*
tot	*dead*
besser	*better*
schlechter	*worse*
krank werden	*to become ill*
(hin)fallen	*to fall*
ausrutschen	*to slip*
(sich) erbrechen	*to be sick*
operieren	*to operate*
bluten	*to bleed*
sich entzünden	*to become infected*
wie geht es dir/Ihnen?	*how do you feel?*
an etwas leiden	*to suffer from something*
sich gut/nicht gut fühlen	*to feel well/ill*
krank aussehen	*to look ill*
Kopfschmerzen haben	*to have a headache*
Fieber haben	*to have a temperature*
mir ist übel	*I feel sick*
ich habe Schmerzen in der Brust	*I have a pain in my chest*
sich den Kopf stoßen	*to knock one's head*
ich habe mir das Bein gebrochen	*I've broken my leg*
sich den Fuß verstauchen	*to sprain one's ankle*
bei jemandem Fieber messen	*to take someone's temperature*
jemandes Blutdruck messen	*to take someone's blood pressure*
geröntgt werden	*to have an X-ray taken*

Language in action

Vor ein paar Tagen ging ich zum Arzt, weil ich leichtes Fieber und Husten hatte. Der arme Doktor sah schrecklich aus! 'Was ist denn mit Ihnen los?' habe ich ihn gefragt.

'Nichts Besonderes.' sagte er. 'Ich bin heute Morgen beim Joggen hingefallen und habe mir den Fuß verstaucht. Von den Schmerzen ist mir so schlecht geworden, dass ich fast bewusstlos wurde. Als ich dann endlich aufstand, habe ich mir einen Muskel im Rücken gezerrt und meine Frau musste mich nach Hause fahren. Als ich zu Hause ankam, hatte ich solche Kopfschmerzen, dass ich sofort eine Tablette nehmen musste. Jetzt habe ich schreckliche Halsschmerzen, ich glaube, ich bekomme die Grippe. Es geht mir gar nicht gut. Und Sie? Wie geht es Ihnen?'

'Ach, machen Sie sich keine Sorgen um mich! Mir geht es besser als Ihnen!'

das Krankenhaus (¨er)	hospital
die Poliklinik (en)	health centre
die Sprechstunde (n)	surgery
der Krankenwagen (-)	ambulance
der Arzt/die Ärztin (Ärzte/nen)	doctor
der Allgemeinmediziner/ die ~in (-/nen)	GP
der Hausarzt/die Hausärztin (-ärzte/nen)	family practitioner
der Zahnarzt/die Zahnärztin (-ärzte/nen)	dentist
der Chirurg/die ~in (en/nen)	surgeon
der Facharzt/die Fachärztin (-/nen)	specialist
die Krankenschwester (n)	nurse
der Krankenpfleger (-)	male nurse
der Patient/die ~in (en/nen)	patient
die Behandlung (en)	treatment
die Routineuntersuchung (en)	check-up
das Symptom (e)	symptom
die Trage (en)	stretcher
die Krankenstation (en)	hospital ward
der Operationssaal (-säle)	operating theatre
die Röntgenabteilung (en)	X-ray unit
die Notaufnahme (n)	accident and emergency
die Untersuchung (en)	test
die Blutuntersuchung (en)	blood test
der Kopf (¨e)	head
der Hals (¨e)	neck/throat
die Brust (¨e)	chest
der Bauch (¨e)	abdomen
der Rücken (-)	back
das Fußgelenk (e)	ankle
das Gehirn (e)	brain
das Herz (en)	heart
die Lunge (n)	lung
der Magen (¨)	stomach
die Leber (n)	liver
der Blinddarm (¨e)	appendix

die Niere (n)	kidney
die Kurzatmigkeit	breathlessness
das Thermometer (-)	thermometer
die Spritze (n)	injection
bewusstlos	unconscious
dringend	urgent
über etwas klagen	to complain about something
untersuchen	to examine
erkennen	to recognize
verschreiben	to prescribe
feststellen/diagnostizieren	to diagnose
heilen	to cure
behandeln	to treat
ins Krankenhaus kommen	to go into hospital
jemanden ins Krankenhaus einweisen	to admit someone to hospital
wie geht es dir/Ihnen?	how do you feel?
tut es/das weh?	does it hurt?
sich gut/nicht gut fühlen	to feel well/ill
Schmerzen haben	to feel pain/be in pain
bei guter/schlechter Gesundheit sein	to be in good/poor health
ein schwaches Herz haben	to have a weak heart
den Doktor/den Krankenwagen rufen	to call the doctor/ ambulance
sich einen Termin beim Arzt geben lassen	to make an appointment at the doctor's

Language in action

Wolfgang Müller aus Kaiserslautern hat seinen Hausarzt Dr. Otto Schmitz verklagt. Im vergangenen Juli war Wolfgang Müller zu Dr. Schmitz in die Sprechstunde gegangen und hatte über Schmerzen in der Brust und Kurzatmigkeit geklagt. Dr. Schmitz hat ihn untersucht, sich aber geweigert, ihn an einen Facharzt zu überweisen, obwohl Wolfgang Müller ihn darauf aufmerksam machte, dass er schon öfter Herzbeschwerden hatte. Daraufhin ging Wolfgang Müller wieder nach Hause. Als er die Treppe hinaufging, bekam er starke Schmerzen in der Brust und wurde bewusstlos. Ein Nachbar fand ihn und rief sofort einen Krankenwagen, der ihn in die Notaufnahme des Krankenhauses brachte. Der Arzt, der ihn dort behandelte, stellte fest, dass Wolfgang Müller einen Herzinfarkt erlitten hatte und dass der Hausarzt die Symptome nicht richtig erkannt hatte.

der Apotheker/die ~in (-/nen)	*pharmacist*
das Rezept (e)	*prescription*
die Medizin	*medicine*
das Medikament (e)	*medicine*
der Saft (¨e)	*syrup, mixture*
das Hustenmittel (-)	*cough mixture*
die Salbe (n)	*ointment, cream*
die Tablette (n)	*pill*
das Aspirin™	*aspirin™*
das Antibiotikum (-biotika)	*antibiotic*
das Desinfektionsmittel (-)	*surgical spirit*
das Schmerzmittel (-)	*painkiller*
die Tube (n)	*tube*
die Flasche (n)	*bottle*
das Pflaster (-)	*plaster*
der Verband (¨e)	*bandage*
der Verbandsmull	*cotton wool*
das Wasserstoffperoxid	*hydrogen peroxide*
die Damenbinde (n)	*sanitary towel*
der Tampon (s)	*tampon*
das Kondom/Präservativ (e/e)	*condom*
die Pille	*the (contraceptive) pill*
der Schnupfen/die Erkältung (-/en)	*cold*
die Grippe	*flu*
die Schnittwunde (n)	*cut*
die Wunde (n)	*wound*
die Entzündung (en)	*inflammation*
die Verbrennung (en)	*burn*
der Sonnenbrand	*sunburn*
der Biss (e)	*bite* (from snake or dog)
der Stich (e)	*bite, sting* (from insect)
die Magenverstimmung	*indigestion*
der Durchfall	*diarrhoea*
die Allergie (n)	*allergy*
der Heuschnupfen	*hay fever*
geschwollen	*swollen*
entzündungshemmend	*anti-inflammatory*
heiser/rau	*hoarse*
müde	*tired*

stechen	*to sting* (*insect*)
beißen	*to bite* (*snake or dog*)
sich schneiden	*to cut oneself*
sich verbrennen	*to burn oneself*
(ein)nehmen	*to take*
verbinden	*to bandage*
er hat die Masern bekommen	*he's caught measles*
Kopfschmerzen/ Halsschmerzen haben	*to have a headache/sore throat*
Magenschmerzen/ Ohrenschmerzen haben	*to have stomach ache/ earache*
Zahnschmerzen haben	*to have toothache*
Fieber haben	*to have a temperature*
haben Sie irgendwas gegen Husten?	*have you got anything for a cough?*
was für Beschwerden haben Sie?	*what symptoms have you got?*
sich gut/krank fühlen	*to feel well/ill*
der Kopf tut/die Gelenke tun ihm weh	*his head hurts/his joints hurt*
ich habe mich verbrannt	*I've burnt myself*
ich habe einen Mückenstich	*I've got a mosquito bite*
Schnupfen haben	*to have a cold*
sie hat sich erkältet	*she's caught a cold*
rezeptfrei	*over the counter/without prescription*

Language in action

- Guten Morgen. Haben Sie ein Mittel gegen Grippe? Es ist für meinen Mann.
- Was hat er denn für Symptome?
- Es fing an mit Fieber, Kopfschmerzen und Halsschmerzen. Erst habe ich gedacht, dass es nur eine Erkältung ist, aber es geht ihm immer schlechter. Jetzt hat er auch Husten und Schnupfen und fühlt sich sehr schwach.
- Geben Sie ihm zwei von diesen Tabletten, und danach alle sechs Stunden eine, aber höchstens vier pro Tag. Wenn es ihm nach zwei Tagen nicht besser geht, sollte er zum Arzt gehen.
- Danke. Und haben Sie auch eine Salbe für Verbrennungen? Ich habe mir beim Bügeln die Hand verbrannt.
- Ja, diese Salbe ist sehr gut.
- Und dann hätte ich noch gern ein Paket Nontobil-Kapseln.
- Nontobil kann ich Ihnen leider nicht geben, es ist rezeptpflichtig. Sie müssen es sich von Ihrem Arzt verschreiben lassen.

die Schule (n)	school
der Kindergarten (¨)	nursery
die Grundschule (n)	primary school
das Gymnasium (-sien)	secondary school (ages 11-19: academic)
die Realschule	secondary school (ages 11-16: vocational)
die Hauptschule	secondary school (ages 11-16: vocational, for least academic pupils)
der Schüler/die ~in (-/nen)	pupil, student (in school)
der Student/die ~in (en/nen)	student
der Lehrer/die ~in (-/nen)	teacher
der Rektor/die ~in (en/nen)	headmaster/-mistress
der Präsident/die ~in (en/nen)	vice chancellor
der Professor/die ~in (en/nen)	professor
die Prüfung (en)	exam
das Abitur	equivalent of A-levels (sat at 19 at Gymnasium)
der Abiturient/die ~in (en/nen)	A-level student
der Hauptschulabschluss	school-leaving certificate
der Realschulabschluss	school-leaving certificate
die akademische Grad	university degree
das Diplom (e)	diploma
die Lehre (n)	apprenticeship
das Auslandssemester (-)	semester abroad
die Klasse (n)	classroom/class
die Stunde (n)	lesson
die Pause (n)	break
die Englischstunde (n)	English lesson
das Fach (¨er)	subject
die Sprache (n)	language
das Englisch	English
das Deutsch	German
das Französisch	French
das Spanisch	Spanish
das Italienisch	Italian
das Latein	Latin

die Mathematik	mathematics
die Physik	physics
die Chemie	chemistry
die Biologie	biology
die Geographie/Erdkunde	geography
die Geschichte	history
der Kunstunterricht	art
der Sportunterricht	P.E.
der Studiengang (¨e)	degree course
die Medizin	medicine
die Architektur	architecture
die Jura/Rechtswissenschaft	law
die Wirtschaftswissenschaften	economics
die Soziologie	sociology
die Sozialwissenschaften (pl)	social studies
die Betriebswirtschaftslehre (BWL)	business studies
die Schultasche (n)	school bag
der Schulhof (¨e)	playground, school yard
das Klassenzimmer (-)	classroom
die Sport-/Turnhalle (n)	gym
das Labor (s)	laboratory
der Tisch (e)	desk
die Tafel (n)	blackboard
das Text-/Lehr-/Schulbuch (¨er)	textbook
das Nachschlagewerk (e)	reference book
das Wörterbuch (¨er)	dictionary
das Heft (e)	notebook
die Mappe/der Ordner (n/-)	folder
das Ringbuch (¨er)	ring binder
das Blatt Papier (die Blätter Papier)	sheet of paper
der Kugelschreiber/Kuli* (-/s)	ballpoint pen
der Bleistift (e)	pencil
die Farbe (n)	paint
der Bunstift (e)	crayon
das Lineal (e)	ruler
der Radiergummi (s)	eraser
der Taschenrechner (-)	calculator
der Computer (-)	computer
der Kassettenrekorder (-)	tape recorder
die Kassette (n)	tape
der Videorekorder (-)	video recorder
das Video (s)	video tape

die Hausaufgabe (n)	*homework, assignment*
die Aufgabe (n)	*exercise*
die Frage (n)	*question, query*
die Antwort (en)	*answer*
der Aufsatz ("e)	*essay*
die Klassenarbeit (en)	*class test*
die Übersetzung (en)	*translation*
die Zensur/Note (en/n)	*mark*
schwer/schwierig	*difficult*
leicht/einfach	*easy*
richtig	*correct*
falsch	*incorrect, wrong*
trocken	*dry (boring)*
intelligent	*intelligent*
fleißig	*hard-working*
unkonzentriert	*lacking in concentration*
ungezogen	*naughty*
geschwätzig	*talkative/always talking*
schwach/schlecht	*weak/poor*
ausgezeichnet	*excellent*
streng	*strict*
sich einschreiben/anmelden	*to enrol*
lernen	*to learn*
denken	*to think*
auswendig lernen	*to learn by heart*
unterrichten	*to teach*
erklären	*to explain*
verstehen/begreifen	*to understand*
wiederholen	*to repeat*
nachschlagen	*to look up*
diskutieren/besprechen	*to discuss*
schreiben	*to write*
malen	*to paint*
zeichnen	*to draw*
lesen	*to read*
rechnen	*to calculate*
abschreiben	*to copy*
verbessern/korrigieren	*to correct/mark*
ausschimpfen	*to tell off*
bestrafen	*to punish*
bestehen	*to pass*
aufpassen	*to pay attention*

still/ruhig sein	to keep quiet
eine gemischte Schule	a mixed school
eine Mädchen-/Jungenschule	a girls'/boys' school
der Unterricht ist gut/schlecht	the quality of education is good/bad
die Anwesenheitsliste durchgehen	to take the register
(die) Hausaufgaben machen	to do one's homework
eine Frage stellen	to ask a question
eine Frage beantworten	to answer a question
die Lösung für/von etwas finden	to work out the solution to something
mitschreiben/sich Notizen machen	to take notes
das Sprach-/Chemielabor	the language/chemistry lab
ein Kind an einer Schule anmelden	to enrol a child in a school
sich an der Universität einschreiben	to enrol at university
Jura studieren	to do a degree in law
das Kurrikulum	the curriculum
der Lehrplan	the syllabus
die akademische Ausbildung	higher education
das Eingangsexamen	entry exam
die mündliche/schriftliche Prüfung	oral/written exam
die Abschlussprüfung	final exam
eine Prüfung machen	to sit an exam
(die) Schule schwänzen	to skive off school
(in der Schule) fehlen	to miss school

Language in action

- Hast du dir schon überlegt, was du nach dem Abitur machen willst?
- Ich will auf jeden Fall studieren, ich weiß nur noch nicht, was. Meine Schwester studiert Jura, die muss schrecklich viel lernen, und der Stoff ist so trocken! Das wäre nichts für mich. Ihr Freund studiert Medizin, aber es gibt ja schon genug arbeitslose Mediziner. Soziologie würde mich interessieren, aber was kann man damit später mal werden? Vielleicht studiere ich Sprachen, da kann man wenigstens mal ein Auslandssemester machen. Also, ich habe mich noch nicht so richtig entschieden.
- Aber musst du dich nicht bald um einen Studienplatz bewerben?
- Ja, aber ich glaube, ich brauche erst mal etwas Abstand vom Lernen. Susi und ich überlegen, ob wir nicht vor dem Studium erst mal ein Jahr durch die Welt reisen.

der Beruf (e)	profession
der Job/die Stelle (s/n)	job
die Tätigkeit (en)	activity/job
die Firma (Firmen)	company
die Gesellschaft (en)	company
die Stelle/die Stellung (n/en)	position
das Stellenangebot (e)	job advertisement
der Bewerber/die ~in (-/nen)	applicant
der Kandidat/die ~in (en/nen)	candidate
der Lebenslauf (¨e)	CV
das Formular (e)	form
die Bewerbung (en)	application
die schulische Ausbildung	education
die Qualifikationen (pl)	qualifications
die Berufserfahrung	work experience
die Arbeitszeugnisse (pl)	references
der Vertrag (¨e)	contract
das Gehalt (¨er)	salary
die Provision (en)	commission
die Fortbildung	training
das Seminar (e)	training course
die Ausbildung (en)	apprenticeship
der Kurs (e)	course
die Beförderung (en)	promotion
die Aufstiegschancen (pl)	promotion prospects
das Vorstellungsgespräch (e)	interview
die Einstellung (en)	appointment
die Probezeit (en)	trial period
die Entlassung (en)	dismissal/redundancy
die Abfindung (en)	redundancy money
motiviert	motivated
verantwortlich	responsible
vergleichbar	comparable, similar
fließend	fluent
arbeiten	to work
suchen	to look for
anbieten	to offer
brauchen	to need
sich bewerben für	to apply for
schreiben	to write

einstellen	to employ, take on
beschäftigen	to employ
entlassen	to sack/make redundant
die befristete/feste Stelle	temporary/permanent job
die Ganztags-/Teilzeitstelle	full-time/part-time job
der befristeter/unbefristeter Vertrag	temporary/permanent contract
auf Stellensuche sein	to look for a job
arbeitslos sein	to be unemployed
ganztags arbeiten	to work full time
halbtags arbeiten	to work part time
der finanzielle Anreiz	financial incentive
die rechtswidrige Entlassung	unfair dismissal
mit etwas vertraut sein	to be familiar with something
Portugiesischkenntnisse (pl)	knowledge of Portuguese
die englische Sprache beherrschen	to have a good command of English
analytische Fähigkeiten	analytical skills
eine verantwortungsvolle Stellung	a position of responsibility
der Bewerber/die Bewerberin muss...	those interested must...
ich stehe Ihnen zur Verfügung	I am at your disposal

Language in action

Sehr geehrter Herr Bosse,

ich möchte mich um die in der Westdeutschen Allgemeinen Zeitung vom 20.4.2000 ausgeschriebene Stelle als Direktionssekretärin in Ihrem Hause bewerben.

Ich verfüge über mehrere Jahre Berufserfahrung in vergleichbaren Tätigkeiten und bin zur Zeit als Chefsekretärin bei einem großen norddeutschen Verlag tätig. Ich bin bestens vertraut mit zeitgemäßer Büroorganisation (MS Office) und den modernen elektronischen Kommunikationsmitteln und habe auch schon Erfahrung im Projektmanagement gesammelt. Ich spreche fließend Englisch und etwas Spanisch.

Mein ausführlicher Lebenslauf und Zeugniskopien liegen bei. Für weitere Auskünfte stehe ich Ihnen jederzeit zur Verfügung und würde gerne zu einem persönlichen Vorstellungsgespräch nach Berlin kommen. Ihrer Antwort sehe ich mit Interesse entgegen.

Mit freundlichen Grüßen,

Susanne Sturm

der Beruf (e)	*profession*
die Stelle/der Job (n/s)	*job*
die Berufung (en)	*vocation*
der Beamte/die ~in (n/nen)	*civil servant*
der Rechtsanwalt/die Rechtsanwältin (¨e/nen)	*lawyer, solicitor*
der Richter/die ~in (-/nen)	*judge*
der Arzt/die Ärztin (Ärzte/nen)	*doctor*
die Krankenschwester/der Krankenpfleger (n/-)	*nurse/male nurse*
der Sozialarbeiter/die ~in (-/nen)	*social worker*
der Tierarzt/die Tierärztin (-ärzte/nen)	*vet*
der Chirurg/die ~in (en/nen)	*surgeon*
der Grundschullehrer/die ~in (-/nen)	*(primary) school teacher*
der Lehrer/die ~in (-/nen)	*(secondary) school teacher*
der Buchhalter/die ~in (-/nen)	*accountant*
der Ingenieur/die ~in (e/nen)	*engineer*
der Techniker/die ~in (-/nen)	*technician*
der Architekt/die ~in (en/nen)	*architect*
der Innenarchitekt/die ~in (en/nen)	*interior designer*
der Designer/die ~in (-/nen)	*designer*
der Schneider/die ~in (-/nen)	*tailor*
der Informatiker/die ~in (-/nen)	*computer scientist*
der Programmierer/die ~in (-/nen)	*programmer*
der Journalist/die ~in (en/nen)	*journalist*
der Wissenschaftler/die ~in (-/nen)	*scientist*
der Chemiker/die ~in (-/nen)	*chemist (scientist)*
der Schriftsteller/die ~in (-/nen)	*writer*
der Musiker/die ~in (-/nen)	*musician*
der Maler/die ~in (-/nen)	*painter*
der Künstler/die ~in (-/nen)	*artist*
der Schauspieler/die ~in (-/nen)	*actor/actress*
der Sänger/die ~in (-/nen)	*singer*
der Fotograf/die ~in (en/nen)	*photographer*

der Übersetzer/die ~in (-/nen)	*translator*
der Dolmetscher/die ~in (-/nen)	*interpreter*
der Verkäufer/die ~in (-/nen)	*shop assistant*
der Handelsvertreter/ die ~in (-/nen)	*sales representative*
der Friseur/die ~in (e/nen)	*hairdresser*
der Tischler/die ~in (-/nen)	*carpenter*
der Elektriker/die ~in (-/nen)	*electrician*
der Installateur/die ~in (e/nen)	*plumber*
der Mechaniker/die ~in (-/nen)	*mechanic*
der Gärtner/die ~in (-/nen)	*gardener*
der Bauer/die Bäuerin (n/nen)	*farmer*
der Bergarbeiter (-)	*miner*
der Maurer/die ~in (-/nen)	*bricklayer*
der Bauarbeiter/die ~in (-/nen)	*building worker*
der/die Büroangestellte (n)	*office worker*
der Sekretär/die ~in (e/nen)	*secretary*
der Geschäftsmann/die Geschäftsfrau ("er/en)	*businessman/-woman*
die Putzhilfe (n)	*cleaner (in the home)*
die Reinigungskraft ("e)	*cleaner (in the office)*
der Kellner/die ~in (-/nen)	*waiter/waitress*
der Koch/die Köchin ("e/nen)	*cook*
der Briefträger/die ~in (-/nen)	*postman/-woman*
der Busfahrer/die ~in (-/nen)	*bus driver*
der Lokomotivführer/ die ~in (-/nen)	*train driver*
der Taxifahrer/die ~in (-/nen)	*taxi driver*
der Polizist/die ~in (en/nen)	*policeman/-woman*
der Polizeibeamte/ die ~in (n/nen)	*police officer*
der Pilot/die ~in (en/nen)	*pilot*
der Flugbegleiter/die ~in (-/nen)	*flight attendant*
der Hausmann/ die Hausfrau ("er/en)	*house husband/ housewife*
der Soldat/die ~in (en/nen)	*soldier*

arbeiten als ...	*to work as a...*
sie ist Ärztin	*she works as a/is a doctor*
sich seinen Lebensunterhalt verdienen	*to earn your living*
gut/schlecht bezahlt	*well/badly paid*
einen Beruf ergreifen	*to enter a profession*

das Büro (s)	office
die Abteilung (en)	department
der Empfang ("e)	reception
die Telefonzentrale (n)	switchboard
die Durchwahl (en)	direct line
der Anruf (e)	(phone) call
das Telefon (e)	telephone
das Fax (e)	fax
das Faxgerät (e)	fax machine
der Fotokopierer (-)	photocopier
der Schreibtisch (e)	desk
der Aktenschrank ("e)	filing cabinet
der Papierkorb ("e)	waste-paper basket
der Ordner (-)	ring binder
die Akte (n)	file
die Mappe (n)	folder
das Notizbuch ("er)	notebook
das Papier	paper
das Blatt ("er)	sheet (of paper)
der Locher (-)	hole punch
der Hefter (-)	stapler
die Heftklammer (n)	staple
die Büroklammer (n)	paperclip
das Tesafilm™	Sellotape™
der Stift (e)	pen
der Kugelschreiber/Kuli* (-/s)	ballpoint pen
der Bleistift (e)	pencil
die Schreibmaschine (n)	typewriter
der Computer (-)	computer
der Drucker (-)	printer
der Geschäftsführende Direktor/ die ~in (en/nen)	managing director
der Generaldirektor/die ~in (en/ nen)	general manager
der Personalchef/die ~in (s/nen)	personnel manager
der/die Büroangestellte (n)	office worker/clerk
der Sekretär/die ~in (e/nen)	secretary
der persönliche Assistent/ die ~in (en/nen)	P.A.

der Empfangssekretär/ die ~in (e/nen)	receptionist
der Kollege/die ~in (n/nen)	colleague
die Besprechung (en)	meeting
das Programm (e)	schedule/programme
das Gespräch (e)	discussion
das Budget (s)	budget
die Dienstzeit (sg)	office hours
die Gleitzeit	flexitime
die Überstunden (pl)	overtime
der Zahltag (e)	pay day

fleißig	hard-working
faul	lazy
effizient	efficient
stressig	stressful

bezahlen	to pay
entlassen	to dismiss, sack
(an)kommen	to get in
gehen	to leave
arbeiten	to work
planen	to plan
eine Pause machen	to have a break

die Stechkarte abstempeln	to clock in
ein Fax schicken	to send a fax
ein Auslandsgespräch führen	to make an international call
ich verbinde Sie mit...	I'll put you through to...
mit der Arbeit im Rückstand sein	to have a backlog of work
es herrscht ein harter Wettbewerb	the atmosphere/situation is highly competitive

Language in action

Memo

Ich möchte Sie darauf aufmerksam machen, dass der Angestellte Hubert Hauser, der seit sechs Monaten im Versand arbeitet, heute von mir verwarnt worden ist. Er ist schon insgesamt 20 Mal zu spät zur Arbeit erschienen. Mehrmals wurde er mitten am Vormittag im Café gesehen. Er ist der unproduktivste Angestellte in der ganzen Abteilung, führt ständig Privatgespräche oder schreibt private E-Mails. Er schäkert stundenlang mit den Sekretärinnen, und letztens habe ich gesehen, wie er mitten am Nachmittag geschlafen hat. Sollte so etwas noch einmal vorkommen, wird er fristlos entlassen.

der Programmierer/ die ~in (-/nen)	*programmer*
der Computer (-)	*computer*
der PC (s)	*PC*
das Laptop (s)	*laptop*
das Terminal (s)	*terminal*
der Bildschirm (e)	*screen/monitor*
die Tastatur (en)	*keyboard*
die Taste (n)	*key*
der Cursor (s)	*cursor*
die Maus (¨e)	*mouse*
der Speicher (-)	*memory*
die Festplatte (n)	*hard disk*
das Diskettenlaufwerk (e)	*disk drive*
die Diskette (n)	*diskette*
die CD- ROM (s)	*CD-Rom*
die DVD (s)	*DVD*
die Hardware	*hardware*
die Software	*software*
die Raubkopie (n)	*pirate copy*
das System (e)	*system*
das Betriebssystem (e)	*operating system*
das Programm (e)	*program*
der Virus (Viren)	*virus*
die Funktion (en)	*function*
das Menü (s)	*menu*
das Fenster (-)	*window*
das Icon (s)	*icon*
die Datei (en)	*file*
das Dokument (e)	*document*
das Textverarbeitung	*word-processing*
das Arbeitsblatt (¨er)	*spreadsheet*
die Datenbank (en)	*database*
die Daten (*pl*)	*data*
die Sicherheitskopie (n)	*back-up*
der Drucker (-)	*printer*
das Modem (s)	*modem*
die E-Mail (s)	*e-mail*
das Passwort (¨er)	*password*

benutzerfreundlich	*user-friendly*
kompatibel	*compatible*
installieren	*to install*
programmieren	*to program*
öffnen	*to open*
schließen	*to close*
speichern	*to save, store*
kopieren	*to copy*
ausschneiden	*to cut*
einfügen	*to insert/paste*
abbrechen	*to cancel*
herunterladen	*to download*
ein-/ausloggen	*to log on/off*
der Computer/das System ist abgestürzt	*the computer/the system has crashed*
eine Taste drücken	*to press a key*
klicken/doppelklicken	*to click/double-click*
die Speicherkapazität ist erschöpft	*you've run out of memory*
das Übliche	*the usual thing*
jede Menge	*masses of*
etwas lahm legen	*to bring something to a standstill*

Language in action

- Du, Max, du musst mir mal helfen. Ich hab' ein dickes Problem mit meinem Computer.
- Was ist denn los?
- Er lässt mich nicht speichern. Immer, wenn ich auf Speichern klicke, gibt er mir eine Fehlermeldung. Ich komme einfach nicht mehr weiter.
- Und wie lautet die Fehlermeldung?
- Warte mal, ich mach's mal gerade... Hier: Ihre Speicherkapazität ist erschöpft. Bitte...
- Deine Speicherkapazität ist erschöpft? Wie hast du denn das gemacht? Was hast du denn alles da drauf?
- Na, das Übliche: Textverarbeitungs- und Tabellenkalkulationsprogramme, die Internet-Software und dann natürlich jede Menge Dateien. Ach ja, und gestern habe ich ein Anwenderprogramm aus dem Internet heruntergeladen, das ich brauche, um bestimmte Web-Seiten aufrufen zu können.
- Ach da liegt das Problem. Das Anwenderprogramm braucht wahrscheinlich viel zu viel Speicherplatz und legt dich deshalb lahm. Am besten schmeißt du es gleich wieder runter.
- So was Blödes, ich wollte eigentlich öfter damit arbeiten.
- Tja, dann wirst du dir wohl einen Computer mit ein paar mehr Bytes kaufen müssen.

die Fabrik (en)	factory
der Vorarbeiter/die ~in (-/nen)	supervisor (in a factory)
der Chef/die ~in (s/nen)	boss
der Arbeiter/die ~in (-/nen)	worker (in a factory)
der/die Angestellte (n)	worker (in a shop)
der/die Auszubildende (n)	apprentice
die Maschine (n)	machine
das Fließband (¨er)	assembly line
das Lager (-)	warehouse
die Verpackung	packing
der Karton (s)	box, carton
der Overall (s)	overalls
die Schicht (en)	shift
die Früh-/Spätschicht (en)	early/late shift
die Gewerkschaft (en)	trade union
der Gewerkschafter/ die ~in (-/nen)	trade unionist
der/die Streikende (n)	striker
der Streik (s)	strike
der Generalstreik (s)	general strike
der Sitzstreik (s)	sit-down strike
die Forderung (en)	demand
die Lohnerhöhung (en)	pay rise
der Streikposten (-)	picket (line)
der Streikbrecher/ die ~in (-/nen)	strike-breaker
das Geschäft/der Laden (e/¨)	shop
der Geschäftsführer/ die ~in (-/nen)	manager
der Verkäufer/die ~in (-/nen)	sales assistant
der Inhaber/die ~in (-/nen)	shopkeeper
der Kassierer/die ~in (-/nen)	cashier
der Kunde/die Kundin (n/nen)	customer
das Schaufenster (-)	shop window
das Regal (e)	shelf
die Theke (n)	counter
die Lebensmittel (pl)	foodstuffs
die Waren (pl)	articles/goods
das Produkt (e)	product
der Warenbestand (¨e)	stock

der Preis (e)	price
das Erdgeschoss/das oberste Stockwerk	the ground/top floor
der Notausgang (¨e)	emergency exit
die Rolltreppe (n)	escalator
mechanisch	mechanical
monoton	monotonous
niedrig	low
hilfsbereit	helpful
schließen	to close
entlassen	to dismiss, sack/make redundant
drohen	to threaten
streiken	to be/go on strike
einstempeln	to clock in
ausstempeln	to clock out
Dienst nach Vorschrift	work-to-rule
in Verhandlungen stehen	to be negotiating
Inventur machen	to do the stocktaking
etwas nicht vorrätig haben	to be out of stock of something
die Öffnungszeiten (pl)	opening hours
ganztags geöffnet	open all day
wegen Betriebsurlaub geschlossen	closed for holidays

Language in action

Mitgliederschwund bei den Gewerkschaften

Die Gewerkschaften in Deutschland verzeichneten im letzten Jahr wieder einen Rückgang der Mitgliederzahlen, vor allem die IG Bau mit 6,2%. Die IG Metall bleibt mit über 2,7 Millionen Mitgliedern die größte Einzelgewerkschaft, hier betrug der Schwund nur 2,5%. Die Ursachen für den Rückgang waren hohe Arbeitslosigkeit und ein gewandelter Arbeitsmarkt: Stellen in großen Industriebetrieben mit vielen Gewerkschaftsmitgliedern gingen verloren, und in den neu entstandenen kleinen Firmen im Dienstleistungs- und High-Tech-Bereich war die gewerkschaftliche Orientierung der Arbeitnehmer gering. [...]

die Welt	*world*
der Kontinent (e)	*continent*
Amerika	*America (Unless marked otherwise, all countries and states are neuter)*
Südamerika	*South America*
Nordamerika	*North America*
Afrika	*Africa*
Asien	*Asia*
Australien	*Australia*
Europa	*Europe*
das Land (¨er)	*country*
Deutschland	*Germany*
Großbritannien	*Great Britain*
das Vereinigte Königreich	*United Kingdom*
England	*England*
Schottland	*Scotland*
Wales	*Wales*
Nordirland	*Northern Ireland*
Irland	*Ireland*
Österreich	*Austria*
die Schweiz	*Switzerland*
die Niederlande (*pl.*)	*the Netherlands*
Holland	*Holland*
Belgien	*Belgium*
Spanien	*Spain*
Frankreich	*France*
Italien	*Italy*
Portugal	*Portugal*
Griechenland	*Greece*
die Türkei	*Turkey*
Schweden	*Sweden*
Norwegen	*Norway*
Finnland	*Finland*
Dänemark	*Denmark*
Polen	*Poland*
Ungarn	*Hungary*
Russland	*Russia*
die Vereinigten Staaten (*pl*)	*United States*
die USA (*pl*)	*USA*
Kanada	*Canada*
Neuseeland	*New Zealand*
Indien	*India*

Pakistan	*Pakistan*
Bangladesch	*Bangladesh*
China	*China*
Japan	*Japan*
das Bundesland (¨er)	*(federal) state*
Baden-Würtemberg	*Baden-Würtemberg*
Bayern	*Bavaria*
Berlin	*Berlin*
Brandenburg	*Brandenburg*
Bremen	*Bremen*
Hamburg	*Hamburg*
Hessen	*Hesse*
Mecklenburg-Vorpommern	*Mecklenburg-West Pomerania*
Niedersachsen	*Lower Saxony*
Nordrhein-Westfalen	*North Rhine-Westphalia*
Rheinland-Pfalz	*Rhineland-Palatinate*
Saarland	*Saarland*
Sachsen	*Saxony*
Sachsen-Anhalt	*Saxony-Anhalt*
Schleswig-Holstein	*Schleswig-Holstein*
Thüringen	*Thuringia*
ich möchte nach ... fahren	*I'd like to go to ...*
ich würde sehr gerne ...	*I'd love to...*
eine Weltreise machen	*to do a round-the-world trip*

Language in action

- Wenn mein Mann pensioniert wird, wollen wir eine Weltreise machen.
- Ja? In welche Länder wollen Sie denn reisen?
- Wir fangen in Europa an, aber wir konzentrieren uns auf Osteuropa und Skandinavien: Polen, Tschechien, Schweden, Norwegen... Länder wie Frankreich und Italien kennen wir ja schon.
- Fahren Sie nicht nach Russland? Es ist mein Traum, mal nach Russland zu reisen.
- Wir wollen andere Kontinente kennenlernen, vor allem Südamerika. Zuerst fahren wir nach Mexiko, weil wir dort Verwandte haben, die wir besuchen wollen. Dann nach Costa Rica, wo es einen herrlichen Nationalpark gibt, und dann nach Chile und Argentinien.
- Ich habe eine Freundin, die in Argentinien lebt. Sie lädt mich immer ein sie mal zu besuchen, aber ich bin noch nie dagewesen. [...] Wollen Sie auch nach Asien?
- Nur nach Indien und China. Man kann ja nicht alles machen!

die Nationalität (en)	nationality
die Person (en)	person
der Europäer/die ~in (-/nen)	European
der Brite/die Britin (n/nen)	British person
die Briten	the British
der Engländer/die ~in (-/nen)	Englishman/-woman
der Schotte/die Schottin (n/nen)	Scot/Scotsman/-woman
der Waliser/die ~in (-/nen)	Welshman/-woman
der Ire/die Irin (n/nen)	Irishman/-woman
der/die Deutsche (n)	German
der Österreicher/die ~in (-/nen)	Austrian
der Schweizer/die ~in (-/nen)	Swiss man/woman
der Belgier/die ~in (-/nen)	Belgian
der Holländer/die ~in (-/nen)	Dutchman/-woman
der Däne/die Dänin (n/nen)	Dane
der Norweger/die ~in (-/nen)	Norwegian
der Schwede/ die Schwedin (n/nen)	Swede
der Finne/die Finnin (n/nen)	Finn
der Franzose /die Französin (n/nen)	Frenchman/-woman
der Spanier/die ~in (-/nen)	Spanish man/woman
der Portugiese/die Portugiesin (n/nen)	Portuguese man/woman
der Italiener/die ~in (-/nen)	Italian
der Grieche/die Griechin (n/nen)	Greek
der die Türke/die Türkin (n/nen)	Turk
der Pole/die Polin (n/nen)	Pole
der Russe/die Russin (n/nen)	Russian
der Ungar/die ~in (n/nen)	Hungarian
der Amerikaner/die ~in (-/nen)	American
der Afrikaner/die ~in (-/nen)	African
der Asiat/die ~in (en/nen)	Asian
der Inder/die ~in (-/nen)	Indian
der Indianer/die ~in (-/nen)	American Indian
die Religion (en)	religion
das Christentum	Christianity
der Christ/die Christin (en/nen)	Christian

der Katholizismus	*Catholicism*
der Katholik/die ~in (en/nen)	*Catholic*
der Protestantismus	*Protestantism*
der Protestant/die ~in (en/nen)	*Protestant*
die orthodoxe Kirche	*Orthodox Church*
der Islam	*Islam*
der Muslim/die Muslime (e/-nen)	*Muslim*
das Judentum	*Judaism*
der Jude/die Jüdin (n/nen)	*Jew*
der Hinduismus	*Hinduism*
der/die Hindu (s)	*Hindu*
der Buddhismus	*Buddhism*
der Buddhist/die ~in (en/nen)	*Buddhist*
der Agnostizismus	*agnosticism*
der Agnostiker/die ~in (-/nen)	*agnostic*
der Atheismus	*atheism*
der Atheist/die ~in (en/nen)	*atheist*

deutsch	*German*
englisch	*English*
britisch	*British*
französisch	*French*
spanisch	*Spanish*
europäisch	*European*
amerikanisch	*American*
afrikanisch	*African*
asiatisch	*Asian*
indisch	*Indian*
christlich	*Christian*
katholisch	*Catholic*
protestantisch	*Protestant*
muslimisch	*Muslim*
jüdisch	*Jewish*
hinduistisch	*Hindu*
buddhistisch	*Buddhist*
agnostizistisch	*agnostic*
atheistisch	*atheistic*

er ist Deutscher	*he's German*
sie ist Deutsche	*she's German*
sie sind Amerikaner	*they're American*

(*Note that you use the noun rather than the adjective in German to say what nationality someone is.*)

die Stahlindustrie	*steel industry*
die Schiffbauindustrie	*shipping industry*
die chemische Industrie	*chemical industry*
die pharmazeutische Industrie	*pharmaceutical industry*
die Mineralölindustrie	*oil industry*
die metallverarbeitende Industrie	*metalworking industry*
die Papierindustrie	*paper industry*
die Glasindustrie	*glass industry*
die Textilindustrie	*textile industry*
die Lebensmittelindustrie	*food industry*
die Molkereiwirtschaft	*dairy industry*
die fleischverarbeitende Industrie	*meat industry*
die Fischindustrie	*fish industry*
die Tabakindustrie	*tobacco industry*
die Autoindustrie	*car industry*
die Luftfahrtindustrie	*aeronautics industry*
die Elektroindustrie	*electronic industry*
die Computerindustrie	*computer industry*
die Grafik	*graphic arts*
der Bergbau	*mining industry*
das Baugewerbe	*building trade*
der Einzelhandel	*retail trade*
die Tourismusindustrie	*tourist industry*
die Fabrik (en)	*factory*
die [Erd]ölraffinerie (n)	*oil refinery*
das Stahlwalzwerk (e)	*steel mill*
die Glashütte (n)	*glassworks*
die Papierfabrik/ die Papiermühle (en/n)	*paper mill*
die Sägemühle (n)	*sawmill*
die [Schiffs]werft (en)	*shipyard*
das Bergwerk (e)	*mine*
das Stauwerk (e)	*hydroelectric dam*
das Wasserkraftwerk (e)	*hydroelectric power station*
das Atomkraftwerk/das Kernkraftwerk (e/e)	*nuclear power plant*
das Kraftwerk/das Elektrizitätswerk (e/e)	*power station*

das Gaswerk (e)	gas works
der Schlachthof (¨e)	slaughterhouse
die Maschinen (pl)	machinery
allmählich	gradual
ökonomisch/wirtschaftlich	economic
industriell	industrial
herstellen	to manufacture/produce
machen	to produce, make
erzeugen	to manufacture/produce/ generate
importieren/einführen	to import
exportieren/ausführen	to export
anlegen (in)/investieren (in)	to invest (in)
verhütten	to smelt (ore)
erschmelzen	to smelt (metal)
bauen	to build
drucken	to print
fördern	to extract
ausbeuten	to exploit
verarbeiten	to use, process
betreiben	to operate (business, trade etc)
expandieren	to expand
stilllegen	to close down, shut down
subventioniert werden	to receive a subsidy
der Produktionsstillstand	cessation of activity

Language in action

Fusionen und Übernahmen 1998/1999

Die wichtigsten Fusionen in den größten Industriezweigen:
Automobilindustrie: Daimler-Benz und Chrysler.
Banken: Deutsche Bank und US Bankers Trust.
Chemieindustrie: Degussa AG und Hüls AG.
Einzelhandel: Karstadt und die Schickedanz-Gruppe.
Mineralölindustrie: Exxon und Mobil, Amoco und BP.
Stahlindustrie: Thyssen AG und Krupp AG.
Tabakindustrie: BAT und Rothmans International.
Gründe für Fusionen: Fortschreitende Globalisierung der Märkte,
Etablierung der europäischen Währungsunion, Rationalisierungsdruck
und technischer Fortschritt.
Vorteile von Fusionen: Übernahme von Konkurrenten, Erweiterung
der Produktpalette, Preisreduzierung durch Massenproduktion,
Streuung des Risikos durch weltweite Ausbreitung.

das Geschäft (e)	*business (activity)*
der Betrieb (e)	*business (company)*
das Unternehmen (-)	*enterprise*
der Verdienst	*earnings*
der Gewinn (e)	*profit*
der Verlust (e)	*loss*
der Umsatz (¨e)	*turnover*
die Buchhaltung	*accountancy*
die Buchführung	*accounting*
die Rechnung (en)	*invoice*
der Ausverkauf	*sale(s)*
der Kauf (¨e)	*purchase*
die Werbung (en)	*sales promotion*
das Marketing	*marketing*
der Kunde/die ~in (n/nen)	*client*
der Verbraucher/die ~in (-/nen)	*consumer*
der Wettbewerb	*competition*
die Fusion (en)	*merger (of companies)*
der Markt (¨e)	*market*
die Wirtschaft	*economy*
der Sektor/der Bereich (en/e)	*sector*
der Export/die Ausfuhr (e/en)	*export*
der Import/die Einfuhr (e/en)	*import*
die Börse (n)	*stockmarket/stock exchange*
die Anlage/die Investition (n/en)	*investment*
der Investor/die ~in (en/nen)	*investor*
die Aktie (n)	*share*
das Kapital	*capital*
der Aktionär/ die Aktionärin (e/nen)	*shareholder*
der Börsenmakler/die ~in (-/nen)	*stockbroker*
das Risiko (Risiken)	*risk*
der Konkurs/der Bankrott (e/e)	*bankruptcy*
die Steuer (n)	*tax*
die MwSt. (*Mehrwertsteuer*)	*VAT*
der Steuerzahler/die Steuerzahlerin (-/nen)	*taxpayer*
die Schulden (*pl*)	*debt(s)*
das Defizit (e)	*deficit*

die Krise (n)	crisis
die Rezession (en)	recession
die Inflation	inflation
der Zinssatz ("e)	interest rate
der Wechselkurs (e)	exchange rate
privat	private
staatseigen	state-owned
öffentlich	public
anlegen (in)/investieren (in)	to invest (in)
bezahlen	to pay
ausgeben	to spend
verdienen	to earn
verlieren	to lose
riskieren	to risk
spekulieren	to speculate
verkaufen	to sell
kaufen	to buy
in Schulden geraten/sich verschulden	to get into debt
exportieren/ausführen	to export
importieren/einführen	to import
führen	to lead/head
verstaatlichen	to nationalize
privatisieren	to privatize
steigende Aktienkurse	rising stock
der Haussemarkt/der Baissemarkt	bull/bear market
Angebot und Nachfrage	supply and demand
ein Übernahmeangebot	a takeover bid
freie Marktwirtschaft	free market economy

Language in action

Die Börse

Frankfurt

Der Euro Stoxx 50 war in dieser Woche schwächer als der DAX, da die Verluste der europäischen Technologiewerte meist noch stärker als die der deutschen ausfielen. Gewinner der Woche sind vor allem französische Aktien.

New York

Skeptische Analysen zum Technologiesektor führten zu Kurseinbrüchen in der Wall Street. Am Freitag schockte der hohe Anstieg der Verbraucherpreise die Investoren. Eine weitere Zinserhöhung gilt als sicher.

der PC (s)	PC
die Festplatte (n)	hard disk
der Modem (s)	modem
der Anschluss ("e)	connection
das Bit (s)	bit
das Byte (s)	byte
die Computersprache (n)	computer language
die Werkzeugleiste (n)	toolbar
das Internet	Internet
der Browser (-)	browser
das Protokoll (e)	protocol
der Anbieter (-)	provider
der Server (-)	server
die Suchmaschine/der Suchroboter (n/-)	search engine
das (World Wide) Web	the (World Wide) Web
das Netz	the Net
der Netsurfer/die ~in (-/nen)	Net-surfer
die Webseite (n)	web page
die Website (s)	web site
die Chatline (s)	chatline
die Homepage (s)	homepage
die Webadresse (n)	web address
das Lesezeichen (-)	bookmark
die Domain	domain
der Hypertext	hypertext
der Link (s)	link
die Datenautobahn	information highway
die E-Mail	e-mail
die E-Mail-Adresse (n)	e-mail address
der Klammeraffe (n)	@ sign
das Adressbuch ("er)	address book
die E-Mail (s)	e-mail (message)
das Attachment (s)	attachment
der Eingangskorb	in basket
der Ausgangskorb	out basket
digital	digital
elektronisch	electronic
einfach	simple
regelmäßig	regularly

sich für etwas interessieren	*to be interested in something*
anschließen	*to connect*
auf etwas zugreifen	*to access something*
abschicken	*to send*
nachschicken	*to forward*
bekommen/erhalten	*to receive*
verschieben	*to transfer*
schreiben	*to write*
löschen	*to delete*
herunterladen	*to download*
laden	*to load*
neu laden	*to reload*
veröffentlichen	*to publish*
verkaufen	*to sell*
kopieren	*to copy*
ausdrucken	*to print out*
online	*online*
das Laden einer Seite/eines Dokuments unterbrechen	*to stop loading a page/ document*
gelöschte/abgeschickte E-Mails	*deleted/sent messages*

Language in action

Kleines Internet-Lexikon

Browser: Programm für den Zugriff auf das World Wide Web und die Darstellung von Webseiten.

Chat: 'Plauderei' auf dem Bildschirm mit anderen Internet-Nutzern, oft in einem Chat-Forum zu einem bestimmten Thema.

E-Mail: Elektronische Post, die zwischen einzelnen Computern, z.B. über das Internet verschickt werden kann.

Homepage: Seite, mit der sich ein Anwender im Internet präsentiert. Von hier aus kann man andere Bildschirmseiten dieses Anwenders erreichen.

Modem: Zwischen Computer und Telefon geschaltetes Gerät, mit dessen Hilfe man Computerdaten über die Telefonleitung verschicken kann.

Provider: Anbieter, der die Verbindung zum Internet herstellt.

Suchmaschine: Suchdienst für Internet-Nutzer, der dem Nutzer zu einem gesuchten Begriff eine Liste von Internet-Adressen liefert.

Surfen: Wiederholtes Wechseln von einer Internet-Seite zur anderen.

World Wide Web (WWW): Anwendung, die die Nutzung des Internet durch eine grafische Bildschirmoberfläche erleichtert.

der Tourismus	tourism
der Urlaub	holiday
das Reisen	travel
die Pauschalreise (n)	package tour
die Kreuzfahrt (en)	cruise
der Ausflug (¨e)	trip, excursion
der Tourist/die ~in (en/nen)	tourist, sightseer
der Urlauber/die ~in (-/nen)	holidaymaker
die Küste (n)	coast, seaside
der Berg (e)	mountain
der Ferienort/der Urlaubsort (e/e)	holiday resort
der Skiort (e)	ski resort
der Küstenort (e)	seaside village
die Unterkunft (¨e)	accommodation
der Aufenthalt (e)	stay
das Hotel (s)	hotel
die Pension (en)	guest house
die Ferienwohnung (en)	holiday apartment
das Ferienhaus (¨er)	holiday villa
das Chalet (s)	chalet
die Jugendherberge (n)	youth hostel
das Camping	camping
der Campingplatz (¨e)	campsite
der Wohnwagen (-)	caravan
das Fremdenverkehrsbüro (s)	tourist information office
das Reisebüro (s)	travel agency
die Broschüre (n)	brochure
die Buchung (en)	booking
die Fahrkarte (n)	ticket (bus, train)
der Flugticket (s)	ticket (plane)
der Preis (e)	price
der Zuschlag (¨e)	supplement
das Sonderangebot (e)	special offer
die Reiseversicherung	travel insurance
die Hoch-/Nebensaison	high/low season
der Linienflug/Charterflug (¨e)	scheduled/charter flight
die Touristenklasse/ Businessklasse	tourist/business class
die Halb/Vollpension	half/full board

das Einzel-/Doppelzimmer (-)	double/single room
das Badezimmer (-)	bathroom
das Schwimmbecken (-)	swimming pool
malerisch	picturesque
historisch	historic(al)
still/ruhig	quiet
entspannt	relaxed
lebendig	lively (place)
organisiert	organized
reisen	to travel
vorbereiten	to prepare
organisieren	to organize
buchen	to book
mieten	to rent
sich amüsieren	to enjoy oneself
etwas gerne tun	to enjoy doing something
sich entspannen	to relax
sich ausruhen	to rest
faulenzen	to laze about
vermeiden	to avoid
vorziehen	to prefer
in Urlaub fahren	to go on holiday
die Sehenwürdigkeiten besichtigen	to go sightseeing
sich wohl fühlen	to feel comfortable, to feel at ease

Language in action

Urlaubsfrust - Urlaubslust?

Was bedeutet Urlaub für Sie?
a) Sehenswürdigkeiten besichtigen
b) Entspannung, faulenzen, schlafen
c) Zeit mit Freunden verbringen

Welche Art von Urlaub bevorzugen Sie?
a) Pauschalreise
b) Gruppenreise
c) Individualurlaub
d) Ferienhaus, -wohnung

Wo gefällt es Ihnen am besten?
a) am Meer
b) in den Bergen
c) an historischen Stätten, in Städten
d) im Schnee [...]

das Reisen	*travel*
die Reise (n)	*journey (long)*
die Rückreise (n)	*return journey*
die Fahrt (en)	*journey/trip*
die Reiseroute (n)	*itinerary*
das Reiseziel (e)	*destination*
die Überfahrt (en)	*crossing*
der Flug (¨e)	*flight*
die Abreise (n)	*departure (person)*
der Abflug (¨e)	*departure (plane)*
die Abfahrt (en)	*departure (train, bus)*
die Verspätung (en)	*delay*
die Streichung (en)	*cancellation*
der Platz (¨e)	*seat*
der Flughafen (¨)	*airport*
der Flugsteig (e)	*departure gate*
die Abflughalle (n)	*departure lounge*
der Flugbegleiter/die ~in (-/nen)	*flight attendant*
der Pilot/die ~in (en/nen)	*pilot*
der Hafen (¨)	*port, harbour*
der Bahnhof (¨e)	*station*
der Bahnsteig (e)	*platform*
die Gepäckaufbewahrung	*left luggage*
der Fahrplan (¨e)	*timetable*
der Passagier/die ~in (e/nen)	*passenger (ship, plane)*
der Fahrgast (¨e)	*passenger (bus, train)*
das Gepäck	*luggage*
das Handgepäck	*hand luggage*
der Koffer (-)	*suitcase*
die Reisetasche (n)	*travel bag*
der Rucksack (¨e)	*rucksack*
der Fotoapparat (e)	*camera*
der Stadtplan (¨e)	*town plan*
die Straßenkarte (n)	*road map*
der Autoatlas (-atlanten)	*road atlas*
der Reiseführer (-)	*guidebook*
der Reisepass (¨e)	*passport*
das Visum (Visa)	*visa*
der Reisescheck (s)	*traveller's cheque*

die Rückzahlung (en)	refund
die Entschädigung	compensation
die Unannehmlichkeit (en)	trouble, problem
die Angelegenheit (en)	matter
das Hotel (s)	hotel
die Rezeption (en)	reception
die Etage (n)	floor (in hotel)

sich anmelden	to check in (to a hotel)
einchecken	to check in (at airport)
an Bord gehen	to board
einsteigen	to get on
aussteigen	to get off
abfliegen	to take off
landen	to land
anlegen	to dock
abfahren	to leave (transport)
losgehen	to leave (person)
ankommen	to arrive
verpassen	to miss (train, flight etc)
warten	to wait
abgesagt werden	to be cancelled
sich beschweren	to complain
entschädigen	to compensate
zurückerstatten	to return/refund

Geld wechseln	to change money
Anschluss haben an	to connect with
Verspätung haben	to be delayed
das Gepäck abholen	to collect one's luggage

Language in action

Sehr geehrte Damen und Herren,

ich möchte mich bei Ihnen über Ihren Service auf der Rückreise von Kairo nach Frankfurt am 18. Mai 2000 beschweren.
Bei unserer Ankunft am Flughafen in Kairo wurden wir informiert, dass der Flug aus technischen Gründen abgesagt worden war. Ihr Reiseleiter brachte uns zur Übernachtung in ein Hotel, wo ich gezwungen war, ein Doppelzimmer mit einem anderen Mitreisenden zu teilen. Das Restaurant im Hotel war geschlossen und uns wurde kein Essen angeboten. Am nächsten Morgen wurden wir wieder zum Flughafen gefahren, wo wir erfuhren, dass wir nicht direkt nach Frankfurt fliegen konnten, sondern nur über Rom. In Rom stellte sich heraus, dass es an dem Tag nur noch Linienflüge nach Frankfurt gab, für die wir einen Aufpreis zahlen mussten. Mit 35 Stunden Verspätung kamen wir schließlich in Frankfurt an. [...]

das Meer (e)	*sea*
die Küste (n)	*coast*
die Klippe (n)	*cliff*
die Bucht (en)	*bay*
der Hafen (¨)	*port*
das Fischerdorf (¨er)	*fishing village*
der Jachthafen (¨)	*yacht marina*
der Leuchtturm (¨e)	*lighthouse*
die Aussicht (en)	*view*
der Strand (¨e)	*beach*
die Düne (n)	*sand dune*
der Sand	*sand*
der Felsen (-)	*rock*
die Welle (n)	*wave*
der Kiesel (-)	*pebble*
die Sonne	*sun*
die Brise (n)	*breeze*
das Sonnenbaden	*sunbathing*
das Schwimmbecken (-)	*swimming pool*
die Markise (n)	*sunshade (awning)*
die Liege (n)	*sunbed (for beach)*
das Handtuch (¨er)	*towel*
der Badeanzug (¨e)	*swimsuit*
die Badehose (n)	*(pair of) swimming trunks*
der Bikini (s)	*bikini*
der Sonnenhut (¨e)	*sunhat*
der Schnorchel (-)	*snorkel*
die Schwimmflossen (*pl*)	*flippers*
die Sonnencreme	*suntan lotion*
der Sunblocker	*sunblock*
die Sonnenbrille (n)	*(pair of) sunglasses*
das Tretboot (e)	*pedalo*
das Surfbrett (er)	*surfboard/sailboard*
der Rettungsring (e)	*lifebelt*
der Rettungsschwimmer/ die ~in (-/nen)	*lifeguard*
das Picknick (e)	*picnic*
das Eis	*ice cream*
das Schiff (e)	*ship*

die Jacht (en)	yacht
das Boot (e)	boat
das Ruderboot (e)	rowing boat
das Segelboot (e)	sailing boat
das Motorboot (e)	motorboat
das Beiboot (e)	dinghy
das Schlauchboot (e)	inflatable dinghy
sonnig	sunny
braun	tanned
sensationell	spectacular
wunderbar	wonderful
sauber	clean
wirklich	really
eigentlich nicht	not really
schwimmen	to swim
segeln	to sail
surfen/windsurfen	to surf/windsurf
sonnenbaden	to sunbathe
einen Sonnenbrand bekommen	to get sunburnt
es ist sehr heiß	it's very hot
es ist sonnig	the sun's shining
spazieren gehen	to go for a walk
den Tag verbringen...	to spend the day ...
wir haben den Tag am Strand verbracht	we spent the day on the beach
ein Picknick machen	to have a picnic

Language in action

Liebe Sophie,

von unserem Urlaub an der holländischen Küste senden wir dir ganz herzliche Grüße. Wir haben herrliches Wetter und die Kinder sind am liebsten am Strand, wo man aufpassen muss, dass sie keinen Sonnenbrand bekommen! Das Wasser ist sehr sauber und nicht zu kalt zum Schwimmen, aber es ist sehr windig. Christian lernt Windsurfen, aber ich liege lieber in der Sonne oder gehe in den Dünen spazieren. Gestern haben wir ein altes Fischerdorf besucht und sind bis oben auf den Leuchtturm gestiegen. Von dort hatten wir eine wunderbare Aussicht über das Wattenmeer. Morgen gehen wir mit Freunden, die eine Jacht haben, segeln. Nochmals viele Grüße an alle,

deine Anna

der Berg (e)	*mountain*
der Gipfel (-)	*peak, summit*
der Nationalpark (s)	*national park*
das Naturschutzgebiet (e)	*nature reserve*
die Wanderung (en)	*hike*
das Bergsteigen	*mountaineering*
das Klettern	*climbing*
die Gegend (en)	*(surrounding) area*
der Weg (e)	*track/lane/path*
die Straße (n)	*road*
die Route/der Weg (n/e)	*route*
der See (n)	*lake*
der Teich (e)	*pool, pond*
der Rucksack (¨e)	*rucksack*
die Schutzhütte (n)	*refuge*
das Camping	*camping*
der Campingplatz (¨e)	*campsite*
die Campingausrüstung	*camping equipment*
der Kompass (e)	*compass*
das Zelt (e)	*tent*
der Schlafsack (¨e)	*sleeping bag*
die Luftmatratze (n)	*air bed*
die Taschenlampe (n)	*torch*
der Campingkocher (-)	*camping stove*
die Gasflasche (n)	*gas cylinder* (for stove)
das Lagerfeuer (-)	*camp fire*
das Brennholz	*(fire)wood*
das Streichholz (¨er)	*match*
der Dosenöffner (-)	*can-opener*
die Dose (n)	*can*
die Konserven (*pl*)	*canned food*
die Thermosflasche™ (n)	*Thermos™ flask*
der Anorak (s)	*anorak*
die Bergschuhe (*pl*)	*mountain boots/ climbing boots*
die Wanderschuhe (*pl*)	*walking shoes*
das Taschenmesser (-)	*pocket knife*
der Pickel (-)	*ice axe*
das Kletterseil (e)	*(climbing) rope*
der Camper/die ~in (-/nen)	*camper*

der Bergsteiger/die ~in (-/nen)	mountaineer
der Kletterer/ die Kletterin (-/nen)	(rock) climber
der Wanderer/ die Wanderin (-/nen)	hiker
der Förster/die ~in (-/nen)	forest ranger
schwierig	difficult
leicht	easy
abgelegen	remote
unwegsam	impassable
natürlich	natural
unerschrocken	intrepid
bergsteigen	to climb (mountains)
klettern	to climb (rocks)
viel im Freien sein	to lead an outdoor life
campen gehen	to go camping
spazieren gehen/einen Spaziergang machen	to go walking
wandern gehen/eine Wanderung machen	to go hiking
ein Zelt aufschlagen	to pitch a tent
ein Feuer anzünden	to light a fire
unberührt von der menschlichen Zivilisation	untouched by civilization
im Schein des Lagerfeuers	by the light of the camp fire

Language in action

- Aus welchem Jahr sind denn diese Fotos hier im Fotoalbum?
- Das war der Sommer '88. Ein schrecklicher Urlaub!
- Sind Daniel und Jan damals nicht zusammen Bergsteigen gegangen?
- Eigentlich wollten Jan und ich zusammen einige Wochen in Österreich zelten, kleinere Wanderungen machen, im See schwimmen und so weiter und uns später mit Daniel treffen. Leider war die Gegend ziemlich unwegsam und wir konnten mit dem Kompass nicht richtig umgehen, so dass wir uns dauernd verlaufen haben. Beim Zelten ging auch alles schief: Unser Zelt flog in einem Sturm fast weg, wir hatten den Dosenöffner vergessen, die Gasflasche war nach zwei Tagen leer ... Jan und ich haben uns nur noch gestritten. Und dann stellte ich fest, dass Jan seine Kletterausrüstung dabei hatte - falls es mit uns beiden nicht klappen sollte! Da hatten wir unseren ersten großen Krach... Am nächsten Morgen kletterten Jan und Daniel auf ihre geliebten Gipfel und ich saß von da an all' im Zelt.

der Berg (e)	*mountain*
der Schnee	*snow*
der Schneesturm ("e)	*snowstorm/blizzard*
die Lawine (n)	*avalanche*
das Eis	*ice*
der Schneeball ("e)	*snowball*
der Skilanglauf	*cross-country skiing*
der Abfahrtslauf	*downhill skiing*
das Skispringen	*ski jumping*
der Schlitten (-)	*sledge*
das Snowboard (s)	*snowboard*
das Zubehör (sg)	*accessories*
der Schlittschuh (e)	*ice skate*
der Ski (er)	*ski*
der Skistiefel (-)	*ski boot*
der Schneestiefel (-)	*snow boot*
der Skianzug ("e)	*ski suit*
die Skihose (n)	*(pair of) salopettes*
der Skistock ("e)	*ski stick*
die Skibrille (n)	*(pair of) ski goggles*
die Skimütze (n)	*woollen/ski hat*
der Handschuh (e)	*glove*
der Skiort (e)	*ski resort*
die Skihütte (n)	*chalet*
der Skilift (e)	*ski lift*
der Sessellift (e)	*chair lift*
die Drahtseilbahn (en)	*cable car*
die Piste (n)	*ski run*
der Schneepflug ("e)	*snowplough*
die Eisbahn (en)	*ice rink*
das Gipsbein	*leg in plaster*
der Skiläufer/die ~in (-/nen)	*skier*
der Skilehrer/die ~in (-/nen)	*ski instructor*
der Eisläufer/die ~in (-/nen)	*skater*
der Anfänger/die ~in (-/nen)	*beginner*
schneebedeckt	*snow-covered*
kalt	*cold*
leicht	*simple*
gefährlich	*dangerous*
ausgezeichnet	*excellent*

Ski fahren	*to ski*
Schlittschuh laufen	*to ice-skate*
langsamer werden	*to slow down*
fallen	*to fall*
stürzen	*to have a fall*
lernen	*to learn*
drinnen bleiben	*to stay indoors*
der erste Schnee des Jahres	*the first snow of the year*
das ganze Jahr schneebedeckt	*permanently covered with snow*
Snowboard fahren	*to snowboard*
Schlitten fahren gehen	*to go sledging*
jemandem das Skilaufen beibringen	*to teach someone to ski*
Skiunterricht geben	*to give skiing lessons*
einen Skikurs machen	*to take skiing lessons*
den ganzen Morgen/Tag mit etwas verbringen	*to spend the whole morning/day doing something*
sich lächerlich machen	*to make oneself look ridiculous/to make a fool of oneself*

Language in action

- Warum kommst du im Februar nicht mit uns zum Ski fahren? Wir fahren in einen tollen Wintersportort. Dort könnten wir zusammen ein großes Chalet mieten.
- Ehrlich gesagt, das wird mir zu teuer: die Skier, der Skianzug, das ganze Zubehör, der Skipass, das Après-Ski...
- Also hör mal: Die Skier kannst du mieten, das Zubehör kannst du von mir leihen und zum Après-Ski sind wir abends sicher sowieso zu müde.
- Und gefährlich ist es auch! Ich habe keine Lust auf ein Gipsbein. Man hört so viel von Skiunfällen.
- Aber die Wildwasserfahrt im Sommer, die war nicht gefährlich? Nein, ich hab's: Du kannst gar nicht Ski fahren. Komm mit, das ist die Gelegenheit für dich, mal einen Anfängerkurs zu machen!
- Damit ihr euch über mich lustig machen könnt! Nein danke. Ich fahre im Winter lieber in die Sonne.

das Wetter	*weather*
das Klima	*climate*
der Himmel	*sky*
die Sonne	*sun*
die Wolke (n)	*cloud*
der Regen	*rain*
der Platzregen (-)	*downpour*
der Schauer (-)	*shower*
der Schnee	*snow*
der Schneefall (¨e)	*snowfall*
das Eis	*ice*
der Frost	*frost*
der Hagel	*hail*
der Nebel (-)	*fog, mist*
der Dunst	*mist, haze*
der Wind (e)	*wind*
die Brise (n)	*breeze*
die Luft	*air*
der Sturm (¨e)	*storm*
der Donner	*thunder*
das Gewitter (-)	*thunderstorm*
der Blitz (e)	*(flash of) lightning*
die Hitze	*heat*
die Kälte	*cold*
der Grad	*degree* (temperature)
die Höchsttemperatur (en)	*maximum temperature*
die Tiefsttemperatur (en)	*minimum temperature*
die Feuchtigkeit	*humidity/dampness*
die Wetterkarte (n)	*weather map*
die Wettervorhersage (n)	*weather forecast*
das Hochdruckgebiet (e)	*area of high pressure*
das Tiefdruckgebiet (e)	*area of low pressure*
das Thermometer (-)	*thermometer*
das Barometer (-)	*barometer*
die Jahreszeit (en)	*season*
der Frühling (e)	*spring*
der Sommer (-)	*summer*
der Herbst (e)	*autumn*
der Winter (-)	*winter*
sonnig	*sunny*

wolkig, bewölkt	cloudy
trüb	overcast
klar	clear
regnerisch	rainy
schwül	sultry, muggy
stürmisch	stormy
heiß	hot
kalt	cold
warm	warm
mild	warm/mild
trocken	dry
feucht	damp
veränderlich	changeable
gut	good
schlecht	bad
regnen	to rain
schneien	to snow
kälter werden	to get colder
kühl werden	to get chilly
besser werden	to improve
sich verschlechtern	to get worse
das Wetter ist gut/schlecht	the weather is good/bad
die Sonne scheint	the sun is shining
es ist schwül	it's sultry, it's muggy
es ist heiß/kalt	it's hot/cold
es ist neblig	it's foggy
es regnet/es schneit	it's raining/snowing
es ist wolkig/bewölkt	it's cloudy
es war ein herrlicher Tag!	it was a lovely day!
trübes Wetter	gloomy weather
wie viel Grad sind es?	what's the temperature?
es sind fünfundzwanzig Grad	it's twenty-five degrees
zehn Grad unter null	ten degrees below zero

Language in action

Die Wettervorhersage fürs Wochenende

Die Wetterlage: Deutschland verbleibt im Bereich eines Tiefs über Mitteleuropa, in dem feuchtwarme Luftmassen wetterbestimmend sind. Am Samstag Wechsel zwischen aufgelockerter und starker Bewölkung und vor allem im Süden Schauer und Gewitter. Am Sonntag zunächst zeitweise Regen, später vom Westen Wetterbesserung. Am Nachmittag wolkig mit Aufheiterungen und meist trocken. Höchsttemperaturen im Süden um 17 Grad, sonst um 20 Grad. Tiefstwerte 8 bis 13 Grad. Schwacher bis mäßiger Wind aus Nordwest bis Nord.

das Gelände (-)	*terrain*
der Berg (e)	*mountain*
das Massiv (e)	*massif*
der Gebirgszug (¨e)	*mountain range*
der Gipfel (-)	*peak, top, summit*
der Hang (¨e)	*hillside*
der Berghang (¨e)	*mountainside*
das Tal (¨er)	*valley*
der Gletscher (-)	*glacier*
die Hochebene/das Plateau (n/s)	*plateau*
die Ebene (n)	*plain*
der Wald (¨er)	*forest*
der Regenwald (¨er)	*rainforest*
der Fluss (¨e)	*river*
der Strom (¨e)	*large river*
der Nebenfluss (¨e)	*tributary*
der Bach (¨e)	*stream*
der See (n)	*lake*
das Sumpfland	*marshland*
der Wasserfall (¨e)	*waterfall*
die Mündung (en)	*mouth, estuary*
das Ufer/das Flussufer (-)	*river bank, riverside*
der Meeresarm (e)	*tidal inlet*
der Fjord (e)	*fiord*
der Cañon (s)	*canyon*
das Meer (e)	*sea*
der Ozean (e)	*ocean*
die Küste (n)	*coastline*
die Klippe (n)	*cliff*
der Golf/der Meerbusen (e/-)	*gulf*
das Kap (s)	*cape*
die Meerenge/die Straße (n/n)	*strait*
die Bucht (en)	*bay, cove*
der Strand (¨e)	*beach, shore*
die Insel (n)	*island*
die Inselgruppe (n)	*archipelago*
der Kontinent (e)	*continent*
die Halbinsel (n)	*peninsula*
der Vulkan (e)	*volcano*

die Wüste (n)	desert
die Oase (n)	oasis
der Felsen (-)	rock
der Eisberg (e)	iceberg
die Vegetation	vegetation
gebirgig	mountainous
hügelig	hilly
felsig	rocky
sandig	sandy
flach	flat
zerklüftet	rugged (land)
rauh	rough
sumpfig	marshy
bewaldet	wooded
dicht	thick(ly), dense(ly)
spärlich	thin(ly), sparse(ly)
fruchtbar	fertile
hoch	high (mountain, terrain, tide, etc)
niedrig	low
tief-liegend	low-lying
tief	deep
seicht	shallow
die Straße von Gibraltar	the Straits of Gibraltar
eine abwechslungsreiche Landschaft	a landscape full of contrasts
100 Meter über dem Meeresspiegel	100 metres above sea level

Language in action

Manchmal kommen Touristen zu mir ins Geschäft und wollen ein Glas Honig kaufen. Ein Glas Honig! Als ob alle Honigsorten gleich wären! Die Urlauber wollen sicher jeden Morgen am Frühstückstisch eine kleine Erinnerung an ihre Ferien haben. Aber bevor ich ihnen irgendeinen Honig verkaufe, erkläre ich ihnen erst mal, dass es sich mit Honig genau wie mit Wein verhält. Ein Bienenzüchter kann schon am Geruch, an der Farbe und an der Konsistenz des Honigs erkennen, woher er kommt. Je nachdem, ob die Bienen den Nektar im Tal, in den Bergen, am See oder am Flussufer sammeln, hat der Honig einen unterschiedlichen Geschmack. Das Gelände und welche Blumen dort wachsen, hat damit zu tun. Wenn die Leute nett sind, schlage ich ihnen meinen Lieblingshonig vor und erzähle ihnen, woher er kommt.

die Umwelt	*environment*
das Ökosystem (e)	*ecosystem*
die Ökologie	*ecology*
der Umweltschutz	*protection of the environment*
die Grünen	*the Greens*
die Solarenergie/die Windkraft	*solar/wind power*
die Umweltverschmutzung	*pollution*
die Strahlung	*radiation*
das Kernkraftwerk (e)	*nuclear power station*
das Kraftwerk (e)	*power station*
der Giftmüll	*toxic waste*
das Kohlendioxid	*carbon dioxide*
das FCKW	*CFC*
das Pestizid (e)	*pesticide*
das Quecksilber	*mercury*
das Aluminium	*aluminum*
das Plastik	*plastic*
das Glas	*glass*
das Recycling	*recycling*
der Altglasbehälter (-)	*bottle bank*
die Müllkippe (n)	*dump*
die Umweltkatastrophe (n)	*environmental disaster*
der Smog	*smog*
der Ölteppich (e)	*oil slick*
der Waldbrand (¨e)	*forest fire*
der Treibhauseffekt	*greenhouse effect*
die Erwärmung der Erdatmosphäre	*global warming*
das Ozonloch	*hole in the ozone layer*
die Wüstenbildung	*desertification*
die Naturkatastrophe (n)	*natural disaster*
das Erdbeben (-)	*earthquake*
der Orkan (e)	*hurricane*
der Wirbelsturm (¨e)	*tornado*
der Vulkanausbruch (¨e)	*volcanic eruption*
die Überschwemmung (en)	*flood*
die Dürre (n)	*drought*
die Hungersnot (¨e)	*famine*
ökologisch	*ecological*
schädlich	*harmful*

giftig	*poisonous, toxic*
umweltverschmutzend	*polluting*
Umwelt- (+ *noun*)	*environmental*
biologisch abbaubar	*biodegradable*
verschmutzen	*to pollute*
entseuchen	*to decontaminate*
schützen	*to protect*
retten	*to save*
recyceln	*to recycle*
verbrennen	*to burn*
zerstören	*to destroy*
verwüsten	*to devastate*
beeinflussen	*to affect*
erneuerbare Energiequellen	*renewable energy resources*
ein umweltfreundliches Produkt	*an environmentally-friendly product*
bleihaltiges/bleifreies Benzin	*leaded/unleaded petrol*
das ökologische Gleichgewicht erhalten	*to maintain the ecological balance*
giftige Gase/Substanzen	*toxic gases/substances*
saurer Regen	*acid rain*
(nicht) recycelbar	*(non-)recyclable*
stark beschädigen	*to cause great damage*
die internationale Hilfe	*international aid*

Language in action

Das Eis auf der Erde schmilzt immer schneller, das Wasser steigt und die Gletscher schrumpfen: Welche Auswirkungen hat der Rückzug des Eises auf unser Klima?

Das Eis, das die arktischen und antarktischen Meere bedeckt, wird immer dünner. Am Nordpol ist das Meereis im Durchschnitt statt drei Meter nur noch 1,50 Meter dick. Wenn der Schmelzprozess in diesem Tempo weitergeht, ist das Packeis der Arktis in 100 Jahren verschwunden. Ähnlich ist die Situation in der Antarktis. Hier mussten schon die Landkarten korrigiert werden, weil drei große Eisfelder südlich von Feuerland völlig verschwunden sind. Wenn nur die Eisfelder und Gletscher der westlichen Antarktis schmelzen, rechnen die Forscher mit einem Anstieg des Meeresspiegels von fünf bis sechs Metern.

Ein Teufelskreis: Eis und Schnee reflektieren das warme Sonnenlicht. Je mehr sie verschwinden, desto schneller geht der Schmelzprozess vor sich. Das ist ebenfalls an den Gletschern in den Gebirgen zu beobachten. Bis zum Jahre 2050 wird ein Viertel aller Gletscher verschwunden sein, wenn der Klimawandel so schnell fortschreitet. Der Treibhauseffekt ist schon da.

die Arbeitslosigkeit	*unemployment*
der/die Arbeitslose (n)	*unemployed person*
die Droge (n)	*drug*
der/die Drogenabhängige (n)	*drug addict*
der/die Heroinabhängige (n)	*heroin addict*
der/die Kokainabhängige (n)	*cocaine addict*
der Drogenhandel	*drug dealing/trafficking*
der/die Obdachlose (n)	*homeless person*
die Armut	*poverty*
der Bettler/die ~in (-/nen)	*beggar*
der Stadtstreicher/ die ~in (-/nen)	*vagrant, tramp (in town)*
die Auswanderung/die Emigration	*emigration*
die Einwanderung/die Immigration	*immigration*
der Einwanderer/die Einwanderin (-/nen)	*immigrant*
der Aussteiger/die ~in (-/nen)	*dropout*
der Außenseiter (s)	*outsider*
die Gesellschaft	*society*
der Rassismus	*racism*
der Rassist/die ~in (en/nen)	*racist*
das Opfer (-)	*victim*
der Terrorismus	*terrorism*
der Terroranschlag (¨e)	*terrorist attack*
der Terrorist/die ~in (en/nen)	*terrorist*
die Bombendrohung (en)	*bomb scare*
die Entführung (en)	*kidnapping/highjacking*
die Geisel (n)	*hostage*
die Demonstration (en)	*demonstration*
der Streik/der Ausstand (s/¨e)	*strike*
die Gewalt	*violence*
die Hausbesetzung	*squatting*
der Hausbesetzer/ die ~in (-/nen)	*squatter*
die Unfallstation	*casualty department*
sozial	*social*
illegal	*illegal*
ungeschützt	*vulnerable*
terroristisch	*terrorist(ic)*

revolutionär	*revolutionary*
Drogen nehmen	*to take drugs*
entführen	*to kidnap*
befreien	*to free*
missbrauchen	*to abuse*
zusammenarbeiten	*to work together*
beeinflussen	*to affect*
verurteilen	*to condemn*
trösten	*to console, comfort*
soziale Probleme	*social problems/issues*
die Kluft zwischen Reich und Arm	*the inequality between rich and poor*
arbeitslos sein	*to be unemployed*
die Langzeitarbeitslosigkeit	*long-term unemployment*
die soziale Wiedereingliederung	*social rehabilitation*
ohne festen Wohnsitz	*of no fixed abode*
im Freien schlafen	*to sleep rough*
legale/illegale Einwanderer	*legal/illegal immigrants*
zusammenschlagen	*to beat (a person) up*
sich zu dem Anschlag bekennen	*to claim responsibility for the attack*
soziale Unruhen	*social unrest*
das Räumen von Bomben	*bomb disposal*
sich mit jemandem solidarisch zeigen	*to show solidarity with someone*
die soziale Verantwortung	*social responsibility*
der Mangel an Solidarität	*lack of solidarity*

Language in action

- Wie gefällt dir dein neuer Job auf der Unfallstation? Vermisst du nicht die Kinderstation?
- Es ist ganz anders, als ich es mir vorgestellt hatte. Es gibt natürlich die richtigen Unfälle, Herzinfarkte, Schlaganfälle und so. Das ist zu Anfang sehr beeindruckend. Aber was mich an der Arbeit am meisten befriedigt, ist die Möglichkeit, den Leuten zuzuhören. Ein Teil der Patienten sind Außenseiter der Gesellschaft, aber nicht nur Drogensüchtige oder so. Es sind einfach Menschen, die ihre Arbeit oder ihre Wohnung verloren haben und in bitterer Armut leben. Sie haben Angst zum Sozialamt zu gehen. Aber bei uns haben sie nicht das Gefühl, verurteilt zu werden, und deshalb erzählen sie... von der Arbeitslosigkeit, von der Obdachlosigkeit, von ihren Kindern, die im Heim sind. Ich versuche, sie zu trösten und ihnen neue Kraft zu geben...
- Das ist toll!
- Ja, aber wenn sie wieder weg sind, weine ich mir die Augen aus.

die Politik	politics
der Politiker/die ~in (-/nen)	politician
die Regierung (en)	government
die Koalitionsregierung (en)	coalition government
der Premierminister/ die ~in (-/nen)	prime minister
der Präsident/die ~in (en/nen)	president
der Bundeskanzler/ die ~in (-/nen)	Federal Chancellor
der Minister/die ~in (-/nen)	minister
die Amtszeit (en)	term of office
das Parlament (e)	parliament
der Bundestag	German parliament
der Bundesrat	German upper house
der Sitz/das Mandat (e/e)	seat (in parliament)
der/die Abgeordnete (n)	member of parliament
die Partei (en)	(political) party
die Demokratie	democracy
die Wahl	election(s)
der Wahlkampf (¨e)	political campaign
das Parteiprogramm (e)	party manifesto
der Volksentscheid (e)	referendum
die Stimme (n)	vote
der Wähler/die ~in (-/nen)	voter
die Nachzählung (en)	recount
das Ergebnis/das Resultat (se/e)	result
die Opposition (en)	opposition
die Republik (en)	republic
die Monarchie (n)	monarchy
der König/die ~in (e/nen)	king/queen
die Diktatur (en)	dictatorship
der Diktator/die ~in (en/nen)	dictator
der Staatsstreich (e)	coup d'etat
die Autonomie	autonomy
die Selbstverwaltung	self-government
der Nationalismus	nationalism
der Separatismus	separatism
der Kapitalismus	capitalism
der Kommunismus	communism
die Globalisierung	globalization

der Frieden	peace
das Menschenrecht (e)	human right
die Dritte Welt	Third World
die Entwicklungsländer	developing countries
die Marktwirtschaft	market economy
die Ober-/Mittel-/Unterschicht (en)	upper/middle/lower class
die Arbeiterklasse (en)	working class

demokratisch	democratic
gerecht	fair, just
ungerecht	unfair, unjust
repressiv	repressive
totalitär	totalitarian
regional	regional
konservativ	conservative
fortschrittlich/progressiv	progressive
liberal	liberal
rechtsgerichtet	right-wing
linksgerichtet	left-wing
faschistisch	fascist
kommunistisch	communist
sozialistisch	socialist
nationalistisch	nationalist
seperatistisch	separatist

wählen	to vote/to elect
regieren	to govern
diskutieren	to debate
protestieren	to protest
demonstrieren	to demonstrate
zurücktreten	to resign
versprechen	to promise

das politische System	political system
links/rechts sein	to be left-wing/right-wing
eine Wahl ausrufen	to call an election
Bundstags-/Landtags-/Kommunalwahlen	general/regional/local elections
bei einer Wahl kandidieren	to stand for election
zur Wahl gehen	to go to the polls
die politische Propaganda	political propaganda
eine Koalitionsregierung	a coalition government
eine vernichtende Niederlage	a crushing defeat
politisch korrekt	politically correct
sich für etwas engagieren	to commit oneself to something

das Verbrechen (-)	crime (criminal act)
die Kriminalität	crime (as social problem)
der Raub	robbery
der Drogenhandel	drug dealing
die Prostitution	prostitution
der Einbruch (¨e)	burglary
der Überfall (¨e)	hold-up
der Straßenraub (e)	mugging
der Verbrecher/die ~in (-/nen)	criminal
der Randalierer/die ~in (-/nen)	hooligan/trouble-maker
der Einbrecher/die ~in (-/nen)	burglar
der Räuber/die ~in (-/nen)	robber
der Straßenräuber/die ~in (-/nen)	mugger
der Mord (e)	murder
der Mörder/die ~in (-/nen)	murderer
die Kindesmisshandlung	child abuse
der sexuelle Missbrauch	sexual abuse
der Angriff/der Anschlag (e/¨e)	attack/assault
der Angreifer/die ~in (-/nen)	attacker
die Polizei	police
der Polizist/die ~in (en/nen)	police officer
die Polizeiwache (n)	police station
die Haftstrafe	imprisonment
der/die Gefangene (n)	prisoner
die Anklage	prosecution
der/die Angeklagte (n)	accused, defendant
der Haftbefehl (e)	warrant (for arrest)
der Durchsuchungsbefehl (e)	search warrant
das Strafregister (-)	criminal record
der Strafverteidiger/ die ~in (-/nen)	defence/criminal lawyer
der Staatsanwalt/die Staatsanwältin (¨e/nen)	public prosecutor
der Richter/die ~in (-/nen)	judge
die Geschworenen (pl)	jury (members)
die Schöffe (n)	lay judge
der Prozess (e)	trial
der Beweis (e)	proof
der Zeuge/die Zeugin (en/nen)	witness
die Strafe (n)	sentence

die Todesstrafe	*capital punishment*
die Geldstrafe (n)	*fine*
die Kaution	*bail*
die Bewährung	*probation*
das Gefängnis (se)	*jail*
die Zelle (n)	*cell*
die Haupteinnahmequelle	*main source of revenue*
kriminell	*criminal*
unschuldig	*innocent*
schuldig	*guilty*
stehlen	*to steal*
überfallen	*to hold up/mug*
angreifen	*to assault*
sexuell missbrauchen	*to abuse sexually*
misshandeln	*to abuse/batter*
erpressen	*to blackmail*
verurteilen	*to sentence*
jemanden freilassen	*to free someone*
jemanden vor Gericht stellen	*to try someone*
die organisierte Kriminalität	*organized crime*
der Bekämpfung der Kriminalität	*the fight against crime*
bewaffneter Raub	*armed robbery*
jmdn vor Gericht bringen	*to take someone to court*
einen Fall gewinnen/ verlieren	*to win/lose a case*
das Urteil sprechen	*to pass sentence*
verurteilt werden zu ...	*to be sentenced to...*

Language in action

Zu Beginn des 21. Jahrhunderts liegt die Hauptbedrohung der demokratischen Länder nicht mehr im Kommunismus, sondern in der organisierten Kriminalität, die seit dem Zusammenbruch des Ostblocks einen enormen Aufschwung verzeichnet. Weltweit wird eine Unterminierung des Staats durch den wachsenden Einfluss organisierter Krimineller auf Wirtschaft, Politik und Gesellschaft befürchtet. Zu den Haupteinnahmequellen der in Europa aktiven Organisationen zählen Drogenhandel, Prostitution, Waffenhandel und Menschenschmuggel.

Die Zahl der Straftaten in der BRD hat sich von 1970 bis 2000 verdoppelt. In Russland werden etwa 40 000 Banken und Unternehmen von Verbrecherbanden kontrolliert. Die in Italien unter Druck geratenen Mafia-Organisationen (mehrere Mafia-Bosse wurden in den letzten Jahren zu langen Haftstrafen verurteilt) verlagerten ihre Operationsbasen ins Ausland. [...]

Quick Reference

Numbers

eins	*one*
zwei	*two*
drei	*three*
vier	*four*
fünf	*five*
sechs	*six*
sieben	*seven*
acht	*eight*
neun	*nine*
zehn	*ten*
elf	*eleven*
zwölf	*twelve*
dreizehn	*thirteen*
vierzehn	*fourteen*
fünfzehn	*fifteen*
sechzehn	*sixteen*
siebzehn	*seventeen*
achtzehn	*eighteen*
neunzehn	*nineteen*
zwanzig	*twenty*
einundzwanzig	*twenty-one*
zweiundzwanzig	*twenty-two*
dreiundzwanzig	*twenty-three*
vierundzwanzig	*twenty-four*
fünfundzwanzig	*twenty-five*
sechsundzwanzig	*twenty-six*
siebenundzwanzig	*twenty-seven*
achtundzwanzig	*twenty-eight*
neunundzwanzig	*twenty-nine*
dreißig	*thirty*
eindunddreißig	*thirty-one*
zweiunddreißig	*thirty-two*
vierzig	*forty*
eindundvierzig	*forty-one*
zweiundvierzig	*forty-two*
fünfzig	*fifty*
sechzig	*sixty*
siebzig	*seventy*
achtzig	*eighty*
neunzig	*ninety*

Quick Reference

hundert	*a hundred*
tausend	*a thousand*
eine Million	*one million*
erste	*first*
zweite	*second*
dritte	*third*
vierte	*fourth*
fünfte	*fith*
sechste	*sixth*
siebte	*seventh*
achte	*eighth*
neunte	*ninth*
zehnte	*tenth*
elfte	*eleventh*
zwölfte	*twelfth*
dreizehnte	*thirteenth*
vierzehnte	*fourteenth*
fünfzehnte	*fifteenth*
sechzehnte	*sixteenth*
siebzehnte	*seventeenth*
achtzehnte	*eighteenth*
neunzehnte	*nineteenth*
zwanzigste	*twentieth*
einundzwanzigste	*twenty-first*
zwei Millionen siebenhunderttausend Deutsche Mark	*two million seven hundred thousand Deutschmarks*

Dates, days, months, seasons

der Monat (e)	*month*
Januar	*January*
Februar	*February*
März	*March*
April	*April*
Mai	*May*
Juni	*June*
Juli	*July*
August	*August*
September	*September*
Oktober	*October*
November	*November*
Dezember	*December*

Quick Reference

die Woche (n)	*week*
vierzehn Tage	*fortnight*
der Tag (e)	*day*
das Datum (Daten)	*date*
Montag	*Monday*
Dienstag	*Tuesday*
Mittwoch	*Wednesday*
Donnerstag	*Thursday*
Freitag	*Friday*
Samstag	*Saturday*
Sonnabend	*Saturday* (in N. Germany)
Sonntag	*Sunday*
das Wochenende (en)	*weekend*
der gesetzliche Feiertag	*public holiday*
die Jahreszeit (en)	*season*
der Frühling (e)	*spring*
der Sommer (–)	*summer*
der Herbst (e)	*autumn*
der Winter (–)	*winter*
das Jahr (e)	*year*
das Schaltjahr (e)	*leap year*
das Jahrhundert (e)	*century*
das Millennium/das Jahrtausend (ien/e)	*millennium*

welches Datum haben wir heute?	*what's the date today?*
heute ist der fünfte Mai	*today is the fifth of May*
morgen ist der zwölfte April	*tomorrow is the twelfth of April*
es ist der erste Juli	*it's the first of July*
am acht Juni	*on the eighth of June*
im Januar	*in January*
letzten/nächsten Mai	*last/next May*
jeden April	*every April*
welchen Tag haben wir heute?	*what day is it today?*
heute ist Donnerstag	*it's Thursday (today)*
am Mittwoch	*on Wednesday*
ich komme Montag	*I'm coming on Monday*
letzten/nächsten Mittwoch	*last/next Wednesday*

Quick Reference

montags/freitags	*on Mondays/Fridays*
(am) Montagmorgen	*on Monday morning*
montagmorgens	*on Monday mornings*
(am) Dienstagnachmittag	*on Tuesday afternoon*
dienstagnachmittags	*on Tuesday afternoons*
(am) Freitagabend	*on Friday evening*
freitagabends	*on Friday evenings*
üubernächsten Montag	*the Monday after next*
vorletzten Freitag	*the Friday before last*
im Frühling/Sommer	*in spring/summer*
letztes/nächstes Jahr	*last/next year*
einmal im Jahr	*once a year*
1990/im Jahre 1990	*in 1990*

Colours

das Weiß	*white*
das Schwarz	*black*
das Rot	*red*
das Gelb	*yellow*
das Grün	*green*
das Blau	*blue*

(to form other colour nouns, capitalize the adjective as above)

weiß	*white*
schwarz	*black*
grau	*grey*
gelb	*yellow*
orange	*orange*
rot	*red*
zinnoberrot	*vermillion*
kirschrot	*cherry red*
kastanienbraun	*maroon*
lila	*purple*
violett	*violet*
lavendel(farben)	*lavender*
blau	*blue*
indigoblau	*indigo blue*
himmelblau	*sky blue*
marineblau	*navy blue*
türkis	*turquoise*
grün	*green*
smaragdgrün	*emerald green*

Quick Reference

cremefarben	cream-coloured
beige	beige
braun	brown
golden	gold
silbern	silver

welche Farbe hat es?	what colour is it?
die Regenbogenfarben	the colours of the rainbow
hellblau	light blue
dunkelgrün	dark green
leuchtend rot	bright red
schneeweiß	white as snow
kohlrabenschwarz	as black as coal
noch grün sein	to be inexperienced
blauäugig sein	to be blue-eyed
rot werden	to go red in the face
rotsehen*	to see red
die Gelben Seiten	yellow pages™
blau sein	to be drunk
eine Fahrt ins Blaue	a mystery tour
grün vor Neid	green with envy

Materials

das Material (-ien)	material
das Metall	metal
das Eisen	iron
der Stahl	steel
das Kupfer	copper
die Bronze	bronze
das Blei	lead
das Aluminium	aluminium
das Zinn	tin
das Gold	gold
das Silber	silver
das Quecksilber	mercury
die Kohle	coal
der Stein	stone
der Marmor	marble
der Granit	granite
der Zement	cement
der Beton	concrete
der Mörtel	plaster
das Porzellan	china, porcelain
der Ton	clay, earthenware

Quick Reference

das Plastik	plastic
der Kork	cork
der Gummi	rubber
der Schaumgummi	foam rubber
der Klebstoff	glue
das Papier	paper
die Pappe	cardboard
das Glas	glass
das Holz	wood
das Stroh	straw
das Korbgeflecht	wicker
der Stoff	cloth, material, fabric
die Baumwolle	cotton
das Leinen	linen
die Wolle	wool
die Seide	silk
das Acryl	acrylic fibre
das Nylon	nylon
das Lycra	lycra
der Polyester	polyester
der Kord(samt)	corduroy
der Satin	satin
die Kunstseide	rayon
der Samt	velvet
das Leder	leather
das Wildleder	suede
das Lackleder	patent leather
die Lederhandschuhe	leather gloves
die Strickjacke	knitted cardigan
das Perlmutt	mother-of-pearl
strapazierfähig	resistant
haltbar	hardwearing, durable
zerbrechlich	fragile/easily broken
hart	hard
weich	soft
formbar	malleable
rau	rough
leicht	light
schwer	heavy
es ist aus Holz	it's made of wood
es ist aus Plastik	it's plastic

Weights, measures, sizes

das Gewicht (e)	*weight*
das Kilo	*kilo*
das Gramm	*gram*
ein halbes Kilo	*half kilo*
ein Viertelkilo	*quarter (of a) kilo*
der Liter (–)	*litre*
der halbe Liter	*half a litre*
der Deziliter (–)	*decilitre*
der Zentiliter (–)	*centilitre*
der Milliliter (–)	*millilitre*
der Kilometer (–)	*kilometre*
der Meter (–)	*metre*
der Zentimeter (–)	*centimetre*
der Millimeter (–)	*millimetre*
der Quadratmeter/der Kubikmeter (–/–)	*square/cubic metre*
das Hektar (e)	*hectare*
das Dutzend (e)	*dozen*
das halbe Dutzend	*half a dozen*
messen	*to measure*
(ab)wiegen	*to weigh (out)*
passen	*to fit*
klein/mittelgroß/groß	*small/medium/large*
ein halbes Kilo Erdbeeren	*half a kilo of strawberries*
dreihundert Gramm Oliven	*three hundred grams of olives*
es wiegt dreieinhalb Kilo	*it weighs three and a half kilos*
literweise verkauft (werden)	*(to be) sold by the litre*
zwei Liter Milch	*two litres of milk*
ein Meter Stoff	*a/one metre of fabric*
zweihundert Kilometer entfernt	*two hundred kilometres away*
es ist fünfzehn Zentimeter lang	*it's fifteen centimetres long*
ein T-Shirt in Größe M	*a medium-size T-shirt*
ich habe Schuhgröße siebenunddreißig	*I take size 37 shoes*
welche Größe haben Sie?	*what size do you take?*
eine Menge Leute	*lots of people*
ein bisschen Brot/Milch	*a bit of bread/milk*

Useful Verbs

abfahren	to leave	atmen	to breathe
abhängen (von)	to depend (on)	aufbewahren	to keep
abholen	to collect/pick up	aufhören	to stop
		aufmachen	to open
abliefern	to deliver/hand in/drop off	aufpassen	to pay attention/ watch out
abräumen	to clear away	aufräumen	to tidy up
abreisen	to leave	aufregen	to excite/annoy
abschaffen	to abolish	aufschreiben	to write down
absetzen	to take off/put down/drop off	aufstehen	to get up
		aufwachen	to wake up
achten	to respect	aufwachsen	to grow up
adressieren	to address	ausbilden	to train
ähneln	to resemble	ausführen	to carry out/ export/take out
ahnen	to suspect		
altern	to age		
amüsieren	to amuse		
amüsieren: sich amüsieren	to enjoy oneself	ausgeben	to spend/hand out
anbieten	to offer	ausgehen	to go out/run out/end
anbrennen	to burn		
ändern	to change/alter	auskommen	to manage
ändern: sich ändern	to change	ausleihen	to lend/borrow
		ausruhen	to have a rest
anfangen	to begin/start	ausschalten	to switch off/ eliminate
anfragen	to ask/enquire		
anhaben	to have on (clothing)	aussehen	to look/appear
		aussteigen	to get out/get off
anhalten	to stop/last		
anhören	to listen to	ausstellen	to exhibit/issue/ switch off
ankommen	to arrive		
anprobieren	to try on	aussuchen	to choose
anrufen	to ring/phone	austauschen	to exchange/ substitute
ansehen	to look at		
ansprechen	to speak to/ appeal to/ mention	ausziehen	to move out
		ausziehen: sich ausziehen	to get undressed
anstellen	to employ/turn on	backen	to bake
		baden	to have a bath/ bathe/bath (someone)
anstrengen	to tire		
anstrengen: sich anstrengen	to make an effort	bauen	to build
antworten	to answer/reply	beachten	to take notice of/observe/ follow/obey
anziehen	to attract/put on		
arbeiten	to work	beantragen	to apply for
ärgern	to annoy	beantworten	to answer
ärgern: sich ärgern	to be/get annoyed	bedanken: sich bedanken	to say thank you
arrangieren	to arrange	bedauern	to regret

Quick Reference

bedecken	to cover	bleiben	to stay/remain
bedenken	to consider	blicken	to look
bedeuten	to mean	braten	to fry/roast
bedienen: sich bedienen	to help/serve oneself	brauchen	to need
		brechen	to break
beeilen	to hurry (up)	bremsen	to brake/slow down
beeindrucken	to impress		
beeinflussen	to influence	brennen	to burn/sting
beenden	to end	bringen	to bring/take/show/yield
befreunden: sich befreunden	to make friends		
		buchstabieren	to spell
befriedigen	to satisfy	bummeln	to stroll/dawdle
beginnen	to begin/start	bürsten	to brush
begreifen	to understand	campen	to camp
begrüßen	to greet/welcome	danken	to thank
		darstellen	to represent/describe/play (role)
behalten	to keep		
behandeln	to treat		
beißen	to bite/sting	datieren	to date
beklagen: sich beklagen	to complain	dauern	to last
		dazugeben	to add
bekommen	to get/receive	definieren	to define
belohnen	to reward	demonstrieren	to demonstrate
bemerken	to notice/remark	denken	to think
		dienen	to serve
bemitleiden	to pity	diskutieren	to discuss
benutzen	to use	drücken	to press/push
beobachten	to observe	dürfen	to be allowed
beraten	to advise	duschen	to have a shower
berauben	to rob		
beschädigen	to damage	eilen	to hurry
beschließen	to decide	einführen	to import/introduce
beschreiben	to describe		
beschuldigen	to accuse	einkaufen	to buy/shop
beschweren: sich beschweren	to complain	einladen	to invite
		einmischen: sich einmischen	to interfere
besichtigen	to look round/see (place)		
		einrichten	to furnish/set up
besitzen	to own/have	einsammeln	to collect
besorgen	to get	einschalten	to switch on
besprechen	to discuss	einschlafen	to go to sleep
bestellen	to order/reserve/tell	einschreiben: sich einschreiben	to enrol
bestrafen	to punish		
besuchen	to visit/attend	einsehen	to realise/see
bevorzugen	to prefer	einsteigen	to get in/get on
bewundern	to admire	empfehlen	to recommend
bezahlen	to pay/pay for	enden	to end
bieten	to offer/bid	entdecken	to discover
bilden	to form	entfernen	to remove
binden†	to tie/bind	entführen	to kidnap/hijack
bitten	to ask	entkommen	to escape

Quick Reference

entlassen	to dismiss/discharge	formen	to form
entschädigen	to compensate	fortsetzen	to continue
entscheiden	to decide (on)	fotografieren	to photograph
entschließen	to decide	fragen	to ask
entschuldigen	to excuse	fragen: sich fragen	to wonder
entspannen: sich entspannen	to relax	fressen	to eat
enttäuschen	to disappoint	freuen: sich freuen	to be pleased
ereignen	to happen	frieren	to be cold/freeze
erfahren	to hear/learn/experience	frühstücken	to have breakfast
erfinden	to invent	fühlen	to feel
erforschen	to explore	führen	to lead/run/show round
erinnern	to remind	füllen	to fill
erinnern: sich erinnern	to remember	funktionieren	to work/function
erkennen	to recognize/realise	geben	to give
erklären	to explain/declare	gebrauchen	to use
		gehen	to go/walk
erkundigen: sich erkundigen	to enquire/ask	gehören	to belong
erlauben	to allow	gelten	to be valid/apply
erleben	to experience	genießen	to enjoy
erledigen	to deal with/do	genügen	to be enough
erleiden	to suffer	gestatten	to permit
ermäßigen	to reduce	gewinnen	to win/gain
ermorden	to murder	glauben	to believe/think
ermutigen	to encourage	gleichen	to be like
erneuern	to renew	grillen	to grill/have a barbecue
erraten	to guess		
erreichen	to reach/achieve	gründen	to set up/found
erwarten	to expect	grüßen	to greet/say hallo
erzählen	to tell		
erziehen	to bring up/educate	haben	to have
		halten	to hold
essen	to eat	handeln	to trade/deal
existieren	to exist	heiraten	to marry
explodieren	to explode	heißen	to be called/mean
fahren	to go/drive/ride		
fehlen	to be missing	heizen	to heat
feiern	to celebrate	helfen	to help
fernsehen	to watch television	herrichten	to get ready
		herstellen	to manufacture/make
filmen	to film		
finanzieren	to finance	hoffen	to hope
finde	to find/think	holen	to get/fetch
fliegen	to fly	hören	to hear/listen (to)
fließen	to flow		
folgen	to follow	importieren	to import
fordern	to demand	informieren	to inform

Quick Reference

interessieren	*to interest*	modernisieren	*to modernize*
irren: sich irren	*to be mistaken*	mögen	*to like*
kämpfen	*to fight*	müssen	*must/to have to*
kaputtgehen	*to break*	nehmen	*to take*
kaputtmachen	*to break/ruin*	nennen	*to call/name*
kaufen	*to buy*	öffnen	*to open*
kennen	*to know*	ordnen	*to arrange/put*
kennen lernen	*to meet*		*in order*
klettern	*to climb*	organisieren	*to organize*
klingeln	*to ring*	parken	*to park*
klingen	*to sound*	passieren	*to happen*
klopfen	*to knock/beat*	pflanzen	*to plant*
kochen	*to cook/boil*	pflegen	*to care for*
kommen	*to come*	pflücken	*to pick*
können	*can/to be able*	planen	*to plan*
	to	plaudern	*to chat*
kontrollieren	*to control/check*	probieren	*to try/taste*
konzentrieren	*to concentrate*	produzieren	*to produce*
kopieren	*to copy*	programmieren	*to program*
korrigieren	*to correct*	protestieren	*to protest*
kosten	*to cost*	putzen	*to clean*
kriegen	*to get*	quälen	*to torment/*
kritisieren	*to criticize*		*torture/pester*
kümmern: sich	*to concern*	radfahren	*to ride a bike*
kümmern um		radeln	*to cycle*
kündigen	*to cancel*	rasieren	*to shave*
kürzen	*to shorten/cut*	rasten	*to rest*
küssen	*to kiss*	rauchen	*to smoke*
lächeln	*to smile*	reagieren	*to react*
lachen	*to laugh*	realisieren	*to realize/*
lassen	*to let/allow*		*implement*
laufen	*to run/walk/be*	rechnen	*to do*
	valid/be on		*arithmetic/*
leben	*to live*		*reckon/count*
legen	*to put/lay*	reden	*to talk/speak*
lehren	*to teach*	reduzieren	*to reduce*
leiden	*to suffer*	regeln	*to regulate*
leihen	*to lend*	regieren	*to govern/rule*
lernen	*to learn*	regnen	*to rain*
lesen	*to read*	reinigen	*to clean*
lieben	*to love*	reisen	*to travel*
liegen	*to lie/be*	reiten	*to ride*
	situated	rennen	*to run*
lohnen: sich	*to be worth it*	reservieren	*to reserve*
lohnen		retten	*to save/rescue*
machen	*to make/do*	richten	*to direct/point*
meiden	*to avoid*	riskieren	*to risk*
merken	*to notice*	rollen	*to roll*
mieten	*to rent/hire*	röntgen	*to x-ray*
missbrauchen	*to abuse*	rosten	*to rust*
mitfahren	*to go with*	rücken	*to move*
mitnehmen	*to take*	rufen	*to call*

Quick Reference

ruhen	to rest
rühren	to move/stir
ruinieren	to ruin
sagen	to say/tell/mean
sammeln	to collect/gather
sauber machen	to clean
schaden	to damage
schaffen	to create/manage
scheiden	to separate
scheinen	to shine/seem
schenken	to give
schicken	to send
schlafen	to sleep
schlagen	to hit/beat/bang
schließen	to close/lock/conclude
schmecken	to taste
schmeicheln	to flatter
schmerzen	to hurt
schneiden	to cut/slice
schneien	to snow
schockieren	to shock
schreiben	to write
schreien	to cry/scream
schulden	to owe
schulen	to train
schummeln	to cheat
schütten	to pour/spil
schütteln	to shake
schützen	to protect
schwätzen	to chatter
schweigen	to be silent
segeln	to sail
sehen	to see/look
sein	to be
senden	to send/broadcast
servieren	to serve
setzen	to put
setzen: sich setzen	to sit down
sichern	to secure
siegen	to win
singen	to sing
sitzen	to sit/fit (clothes)
sollen	should/be supposed to
sorgen: sich sorgen	to worry
sparen	to save

spazieren	to stroll
spenden	to donate/give
spielen	to play/gamble/act
sprechen	to speak/talk
springen	to jump
stammen	to come from
stattfinden	to take place
stehen	to stand
stehlen	to steal
steigen	to climb/rise
stellen	to put/set/provide
sterben	to die
stimmen	to be right/vote/tune
stinken	to smell/stink
stoppen	to stop
stören	to disturb/bother
studieren	to study
suchen	to look for
tanzen	to dance
tauschen	to exchange/swap
teilen	to divide/share
teilnehmen an	to take part in
telefonieren	to telephone
tragen	to carry/wear/bear/support
trainieren	to coach/train
trauen	to trust
träumen	to dream
treffen	to hit/meet
treiben	to do (sports)
trennen	to separate
trinken	to drink
tun	to do
üben	to practise
übereinstimmen	to agree
überlegen	to think
überraschen	to surprise
überreden	to persuade
übersetzen	to translate
umbringen	to kill
umgeben	to surround
umsehen: sich umsehen	to look round
umsteigen	to change (bus, train, etc)
umstellen	to rearrange/change over

149

Quick Reference

umstellen	to surround	versprechen	to promise
umtauschen	to change/exchange	verstehen	to understand
		versuchen	to try
umziehen	to move house	vorbereiten	to prepare
unterbrechen	to interrupt	vorhaben	to intend/plan
unterhalten	to support/run/entertain	vorstellen	to introduce
		wachsen	to grow
unterhalten: sich unterhalten	to enjoy oneself	wählen	to choose/vote/dial
unternehmen	to undertake	wandern	to hike/go walking
unterrichten	to teach/inform		
urteilen	to judge	warten	to wait
verabreden	to arrange	waschen	to wash
verändern	to change	waschen: sich waschen	to have a wash
veranstalten	to organize		
verbessern	to improve/correct	wegfahren	to leave
		wegwerfen	to throw away
verbieten	to forbid/ban	werden	to become
verbrauchen	to use/use up	wiederholen	to repeat/revise
verbringen	to spend (time)	wissen	to know
verdienen	to earn/deserve	wohnen	to live
vergessen	to forget	wollen	to want
vergiften	to poison	wundern: sich wundern	to be surprised
vergleichen	to compare		
verkaufen	to sell	wünschen	to wish
verlassen	to leave	zahlen	to pay
verlieren	to lose	zeigen	to show/point
vermeiden	to avoid	zählen	to count
vermieten	to rent out/let	zerstören	to destroy
verschenken	to give away	ziehen	to pull/draw
verschlechtern	to make worse	zuhören	to listen
verschmutzen	to soil/pollute		

Useful adjectives

abwesend	absent	arbeitslos	unemployed
ähnlich	similar	ärgerlich	annoying
aktiv	active	arm	poor
aktuell	topical	ärztlich	medical
alkoholfrei	non-alcoholic	atemlos	breathless
alkoholisch	alcoholic	attraktiv	atttractive
allein	alone	aufgeregt	excited
allgemein	general	aufmerksam	attentive
alt	old	aufregend	exciting
amtlich	official	ausgebucht	fully booked
amüsant	amusing	ausgezeichnet	excellent
anderer	other	ausländisch	foreign
angenehm	pleasant	außergewöhnlich	unusual
ängstlich	nervous		
anstrengend	tiring	außerordentlich	extraordinary

Quick Reference

automatisch	*automatic*
bankrott	*bankrupt*
bedeckt	*covered/overcast*
befriedigend	*satisfactory*
begabt	*gifted, talented*
begeistert	*enthusiastic*
behindert	*disabled*
beiläufig	*casual*
bekannt	*well-known*
belegt	*occupied*
beliebt	*popular*
bequem	*comfortable*
bereit	*ready*
berühmt	*famous*
beschäftigt	*busy/employed*
besetzt	*occupied/full*
besorgt	*worried*
besser	*better*
beständig	*constant/settled*
bestimmt	*certain/ particular*
bestürzt	*upset*
betrunken	*drunk*
bewölkt	*cloudy*
bewusst	*conscious/ deliberate*
bewusstlos	*unconscious*
billig	*cheap*
biologisch	*biological*
bisherig	*previous*
blass	*pale*
blau	*blue*
bleifrei	*unleaded*
blöd	*stupid*
böse	*bad/wicked*
boshaft	*malicious*
brauchbar	*usable/useful*
braun	*brown*
brav	*well-behaved*
breit	*wide/broad*
bunt	*colourful*
charmant	*charming*
chemisch	*chemical*
dankbar	*grateful*
dauernd	*constant*
deprimiert	*depressed*
deutlich	*clear*
dick	*thick/fat*
doof*	*stupid*
doppelt	*double*
dreckig	*dirty, filthy*
dreieckig	*triangular*
dreifach	*triple*
dringend	*urgent*
dumm	*stupid*
dunkel	*dark*
dünn	*thin*
durstig	*thirsty*
eben	*flat/level*
echt	*real, genuine*
eckig	*square*
egoistisch	*selfish*
ehemalig	*former*
ehrlich	*honest*
eifersüchtig	*jealous*
eigen	*own*
einfach	*simple/easy/ single (ticket)*
einsam	*lonely*
einverstanden	*agreed, okay*
einzig	*only*
eisig	*icy*
eiskalt	*ice-cold*
eitel	*vain*
elektrisch	*electric*
elektronisch	*electronic*
elend	*miserable*
empfindlich	*sensitive/ delicate*
empört	*indignant*
energisch	*energetic*
eng	*narrow/tight/ close (friend)*
entfernt	*distant*
entgegengesetzt	*opposing*
entgegen- kommend	*obliging/ oncoming*
entschlossen	*determined*
entsetzt	*horrified*
erfolglos	*unsuccessful*
erfolgreich	*successful*
erforderlich	*necessary*
erfreut	*pleased*
ergreifend	*moving*
erhältlich	*obtainable*
erneut	*renewed*
ernst	*serious*
erschöpft	*exhausted*
erschreckend	*alarming*
erstaunlich	*astonishing*
erstaunt	*amazed*
erwachsen	*adult, grown-up*

Quick Reference

essbar	edible	gesamt	whole
ethnisch	ethnic	gescheit	clever
fähig	capable/able	geschickt	skilful/clever
falsch	wrong	gespannt	eager
familiär	familiar	gesund	healthy
fantastisch	fantastic	gewöhnlich	usual/ordinary
farbig	coloured	gewohnt	usual
farblos	colourless	gierig	greedy
faul	lazy/rotten	giftig	poisonous/toxic
fein	fine/delicate	glänzend	shining/brilliant
feindlich	hostile	glatt	smooth/slippery
feminin	feminine	gleich	same/identical
fern	distant	glücklich	happy
fertig	finished/ready	grau	grey
fest	firm/solid/fixed	grausam	cruel
festlich	festive	graziös	graceful
fettig	greasy	grün	green
feucht	damp/humid	gründlich	thorough
finanziell	financial	grundsätzlich	fundamental/
flach	flat/low/shallow		basic
fleißig	hard-working	gültig	valid
fließend	running/fluent	günstig	favourable/
folgend	following		convenient
folgsam	obedient	gut	good
fortgeschritten	advanced	gutmütig	good-natured
fraglich	doubtful	haarig	hairy
frei	free	halb	half
freigebig	generous	harmlos	harmless
freiwillig	voluntary	hart	hard/harsh
fremd	foreign/strange	hässlich	ugly/nasty
freundlich	friendly/kind	hastig	hasty
friedlich	peaceful	häufig	frequent
frisch	fresh	hauptsächlich	mainly
fröhlich	cheerful	heimlich	secret
früh	early	heiß	hot
früher	earlier/former	hell	light, bright
furchtbar	terrible	herrlich	marvellous
ganz	whole	herzlich	warm/sincere
gebildet	educated	hilflos	helpless
gebraten	fried	historisch	historical
geduldig	patient	hoch	high
gefährlich	dangerous	hoffnungslos	hopeless
gefroren	frozen	höflich	polite
geheim	secret	hübsch	pretty/nice
gelb	yellow	hungrig	hungry
gemein	mean	inbegriffen	included
gemeinsam	common/joint	individuell	individual
gemütlich	cosy	innerlich	internal/inner
genau	exact/accurate	interessant	interesting
generell	general	irgendein	some/any
genial	brilliant	ironisch	ironic
genießbar	edible	jährlich	yearly
geöffnet	open	jung	young

Quick Reference

kalt	cold	monatlich	monthly
kaputt	broken	müde	tired
kein	no/not any	mutig	courageous
kindisch	childish	nackt	naked/bare
klar	clear	nass	wet
klasse*	great, smashing	natürlich	natural
klein	small	neblig	foggy/misty
klug	clever	neidisch	envious/jealous
komisch	funny	nervös	nervous
komplett	complete	nett	nice
kompliziert	complicated	neu	new
königlich	royal	niedrig	low
kostbar	precious	nötig	necessary
kostenlos	free of charge	notwendig	necessary
köstlich	delicious/funny	nüchtern	sober
kräftig	strong	nützlich	useful
krank	ill, sick	nutzlos	useless
kreativ	creative	obdachlos	homeless
kriminell	criminal	offen	open/vacant
kritisch	critical	öffentlich	public
kühl	cool	offiziell	official
künstlerisch	artistic	ökologisch	ecological
künstlich	artificial	optimistisch	optimistic
kurz	short	ordentlich	tidy/proper
lächerlich	ridiculous	originell	original
lang	long	passend	suitable/ matching
langsam	slow		
langweilig	boring	peinlich	embarrassing/ awkward
laut	loud		
lebendig	living/lively	pensioniert	retired
lebhaft	lively/vivid	persönlich	personal
leblos	lifeless	phantasievoll	imaginative
lecker	delicious	phantastisch	fantastic
ledig	unmarried	platt	flat
leer	empty	plötzlich	sudden
leger	casual	politisch	political
leicht	light/easy	praktisch	practical/handy
leise	quiet	preiswert	cheap
lieb	dear	prima*	brilliant
liebevoll	loving	privat	private
lila	purple/mauve	pur	pure
listig	cunning	quadratisch	square
lockig	curly	rau	rough/harsh
lustig	jolly/funny	recht	right
mager	skinny/low-fat	regelmäßig	regular
männlich	male/manly	regnerisch	rainy
mehrfach	multiple/ repeated	reich	rich
		reif	ripe/mature
menschlich	human/humane	rein	pure/clean
minderjährig	under age	reizend	charming
mittelgroß	medium-sized	reizvoll	attractive
möbliert	furnished	richtig	right
möglich	possible	riesig	huge

Quick Reference

roh	raw/brutal	stumm	dumb/silent
romantisch	romantic	stündlich	hourly
rosa	pink	süchtig	addicted
rot	red	süß	sweet
ruhig	quiet/calm	sympathisch	likeable
rund	round	taub	deaf
sachlich	objective/factual	teuer	expensive
salopp	casual, informal	tief	deep/low
salzig	salty	toll*	brilliant
sanft	gentle	tot	dead
sauber	clean/neat	traurig	sad
sauer	sour/pickled	treu	faithful
schädlich	harmful	trocken	dry
scharf	sharp/hot (food)	türkis	turquoise
schattig	shady	typisch	typical
scheu	shy	übel	bad
schlank	slim	üblich	usual
schlau	crafty/clever	umweltfreund-	environmentally
schlecht	bad	lich	friendly
schlimm	bad	unabhängig	independent
schmal	narrow/thin	unangenehm	unpleasant
schmerzhaft	painful	unartig	naughty
schmutzig	dirty	unbedingt	absolute
schnell	quick	unbekannt	unknown
schön	beautiful	unbequem	uncomfortable
schrecklich	terrible	unentschieden	undecided
schüchtern	shy	unerwartet	unexpected
schuldig	guilty	unfreundlich	unfriendly
schwach	weak/poor	ungeduldig	impatient
schwanger	pregnant	ungeeignet	unsuitable
schwarz	black	ungefähr	approximate
schwer	heavy/difficult/	ungefährlich	safe, harmless
	serious	ungenießbar	inedible
schwierig	difficult	ungerecht	unjust
schwindlig	dizzy	ungeschickt	clumsy
seekrank	seasick	ungesund	unhealthy
selbstbewusst	self-confident	ungewöhnlich	unusual
selbstständig	independent/	unglaublich	unbelievable
	self-employed	unglücklich	unhappy
selten	rare	unhöflich	impolite
seltsam	strange, odd	unmöglich	impossible
sicher	safe/certain	unordentlich	untidy
sonnig	sunny	unrecht	wrong
sorgfältig	careful	unregelmäßig	irregular
spannend	exciting	unverheiratet	unmarried
sparsam	economical/	unzufrieden	dissatisfied
	thrifty	uralt	ancient
spät	late	ursprünglich	original
speziell	special	vegetarisch	vegetarian
sportlich	sporting/sporty	veränderlich	changeable
ständig	constant	verantwortlich	responsible
stolz	proud	verboten	forbidden
streng	strict	verfügbar	available

Quick Reference

vergesslich	forgetful	wesentlich	essential
vergnügt	cheerful	wichtig	important
verheiratet	married	willkommen	welcome
verkehrt	wrong	windig	windy
vernünftig	sensible	winzig	tiny
verrückt	mad, crazy	wirklich	real
verschieden	different/various	wirksam	effective
verständlich	understandable	wirtschaftlich	economic
verwandt	related	wissenschaftlich	scientific
verwirrt	confused	witzig	funny
viel	a lot (of)	wöchentlich	weekly
viereckig	rectangular	wolkig	cloudy
viertel	quarter	wunderbar	wonderful
voll	full	wunderschön	beautiful
völlig	complete	würzig	spicy
vollkommen	perfect/complete	wütend	furious
vollständig	complete	zaghaft	timid/tentative
vorsichtig	careful	zahlreich	numerous
vorübergehend	temporary	zart	delicate/soft/
vulgär	vulgar		gentle/tender
wach	awake	zärtlich	affectionate
wahr	true	zentral	central
wahrscheinlich	probable, likely	zerbrechlich	fragile
wasserdicht	waterproof	zornig	angry
weh	sore	zufrieden	content/satisfied
weiblich	female/feminine	zukünftig	future
weich	soft	zusätzlich	additional, extra
weise	wise	zuständig	responsible
weiß	white	zwecklos	pointless
weit	wide/long	zweideutig	ambiguous
weiter	further		

Useful adverbs, prepositions, etc.

N.B. Many of the words in this list can have a wide variety of translations, depending on the context. Only a general indication of meaning is given here.

ab	from/off	auch	also, too
abends	in the evening	auf	on/in
aber	but	aus	out of/from/
ach!	oh!		made of
alltags	on weekdays	außen	(on the) outside
als	when/as	außer	except (for)
also	so/then/well	außerdem	as well/besides
am	= an dem	außerhalb	outside
an	at/on	äußerst	extremely
anders	different(ly)	bald	soon/almost
ans	= an das	bei	near/at/by/with
anschließend	afterwards	beim	= bei dem
anstatt	instead of	beinahe	almost
anstelle	instead of	bereits	already

Quick Reference

besonders	particularly	doch	after all/but/yes (contradicting)
bestens	very well	donnerstags	on Thursdays
bevor	before	dort	there
bis	as far as/up to/until/by	draußen	outside
bisher	so far	drinnen	inside/indoors
bitte	please/you're welcome	drüben	over there
da	there/because	durch	through/by/due to
dabei	with/about/at the same time	durcheinander	in a muddle/confused
dadurch	through/as a result	ebenso	just as
dafür	for/instead/but then	ehe	before
		eher	earlier, sooner/rather
dagegen	against/however	einerseits	on the one hand
daher	from there/that's why	einmal	once/one day
		einschließlich	including
dahin	there	einst	one/one day (in future)
dahinten	over there		
dahinter	behind (it)	einstweilen	for the time being/meanwhile
damals	then		
damit	with (it)	endlich	finally, at last
danach	after, afterwards/accordingly	entgegen	contrary to
		entlang	along
dank	thanks to	entweder	either
danke	thank you	erstens	firstly
dann	then	erstmals	for the first time
daran	on/about (it)	etwa	about/for example
darauf	on (it)/after that		
daraus	out of/from (it)	etwas	something/anything/some/a little
darin	in (it)		
darüber	over/about (it)/more	extra	separately/extra/specially
darum	round (it)/that's why	falls	if/in case
		fast	almost
dass	that	freitags	on Fridays
davon	from/about/by (it)	frühestens	at the earliest
		für	for
davor	in front of (it)/beforehand	ganztags	full time/all day
		gegen	against/towards/around/compared with
dazu	for (it)/in addition		
denn	because, for/then		
dennoch	nevertheless	gegenüber	opposite/compared with/towards
deshalb	therefore		
deswegen	therefore	genau	exactly
dienstags	on Tuesdays		

156

Quick Reference

genauso	just the same/ just as ...	indem	while/by
		infolge	as a result of
genug	enough	inklusive	including/ inclusive
geradeaus	straight ahead		
gern(e)	gladly	innen	inside
gestern	yesterday	ins	= in das
gleichfalls	also	insgesamt	in all
gleichzeitig	at the same time	inzwischen	in the meantime, meanwhile
glücklicherweise	luckily		
gratis	free of charge	irgend	at all
großenteils	largely	irgendwann	(at) some time/ (at) any time
halbtags	part-time		
halbwegs	half-way/more or less	irgendwie	somehow
		irgendwo	somewhere/ anywhere
her	here/ago		
herab	down	jahrelang	for years
heran	close to/up to	je	ever
herauf	up	jedenfalls	in any case
heraus	out	jederzeit	at any time
herbei	over (here)	jedoch	however
herein	in	jemals	ever
herüber	over (here)	jetzt	now
herum	round	kaum	hardly, scarcely
herunter	down	keinmal	not once
hervor	out	kürzlich	recently
heute	today	lange	a long time
heutzutage	nowadays	längst	a long time ago
hier	here	leider	unfortunately
hierher	here	letztens	recently/lastly
hierhin	here	lieber	rather
hin	there	links	left/on the left
hinauf	up	mal	sometime/ times/by (these
hinaus	out		last in multipli-
hinein	in		cation and mea-
hinten	at the back		surement)
hinter	behind		
hintereinander	one behind/ after the other	mehr	more
		mehrmals	several times
hinterher	afterwards	meist	mostly/usually
hinüber	over (there)/ across (there)	meistens	mostly/usually
		mindestens	at least
hinunter	down	mit	with/by/too
höchst	extremely	miteinander	with each/one another
höchstens	at most/except perhaps		
		mittags	at lunchtime/at midday
hoffentlich	hopefully		
im	= in dem	mitten in	in the middle of
immer	always	mittwochs	on Wednesdays
immerhin	after all	möglicherweise	possibly
immerzu	all the time	möglichst	if/as possible
in	in	monatelang	for months

Quick Reference

montags	on Mondays	sicherlich	certainly
morgen	tomorrow	so	so/like this, like
morgens	in the morning		that/as/such
nach	to/after/	sobald	as soon as
	according to	sofort	immediately
nachdem	after	sogar	even
nacheinander	one after the	sogleich	at once
	other	solange	as long as
nachher	afterwards	sondern	but
nachmittags	in the afternoon	sonst	usually/else
nächstens	shortly	sonntags	on Sundays
nachts	at night	sooft	whenever
nämlich	namely	soviel	as much as
neben	next to/apart	soweit	as far as
	from	sowie	as well as/as
nebenan	next door		soon as
nebeneinander	next to each	sowieso	anyway
	other	sozusagen	so to speak
neuerdings	recently	spätestens	at the latest
nicht	not	spielend	easily
nie/niemals	never	statt	instead of
noch	still/even	stundenlang	for hours
nochmals	again	tagelang	for days
normalerweise	normally	täglich	daily
notfalls	if need be	trotz	despite, in spite
nun	now		of
nur	only	trotzdem	nevertheless
ob	whether	über	over/above/
oben	on top/at the		about/across
	top/upstairs	überall	everywhere
obwohl	although	überhaupt	in general/
oder	or		anyway
oft	often	übermorgen	the day after
öfter(s)	quite often		tomorrow
ohne	without	übrigens	by the way
oje!	oh dear!	um	round/at/
per	by/per		around
pro	per		(about)/by
prost!	cheers!	umsonst	in vain/free, for
rechts	right/on the		nothing
	right	ungern	reluctantly
rückwärts	backwards	unglücklicher-	unfortunately
samstags	on Saturdays	weise	
samt	(together) with	unten	at the bottom/
scheinbar	apparently		downstairs
schließlich	finally/after all	unter	under, below/
schlimmstenfalls	if the worst		among
	comes to the	unterhalb	below
	worst	unterwegs	on the way
schon	already/yet	vergeblich	in vain
sehr	very	verhältnismäßig	relatively
seit	since/for (time)	versehentlich	by mistake
seitdem	since then	vielleicht	perhaps

Quick Reference

vom	= von dem
von	from/of/by
vor	in front of/before/ago
voraus	ahead
vorbei	past/over
vorgestern	the day before yesterday
vorher	beforehand
vorhin	just now
vormittags	in the morning
vorn	at the front
vorsichtshalber	to be on the safe side
vorüber	over
vorwärts	forward(s)
vorwiegend	predominantly
während	during/while/whereas
wann	when
warum	why
weg	away
wegen	because of
weil	because
weiterhin	still/in future
wenig	little
wenigstens	at least
wenn	when/if
werktags	on weekdays
weshalb	why
weswegen	why
wie	how/as/like
wieder	again
wieso	why
wieviel	how much/how many
wievielmal	how often
wo	where
woanders	elsewhere
wochenlang	for weeks
wochentags	on weekdays
wofür	for what
woher	from where
wohin	to where
wohl	well/probably
womit	for what/with which
womöglich	possibly
wonach	after which/according to which
woran	of what/which
worauf	on what, for what/on which/for which
woraus	from what/of what/from which
worin	in what/in which
worüber	about what/which
worum	about what/round which
wovon	about what/which
wovor	of what/in front of what/of which/in front of which
wozu	for what, why/for which
ziemlich	quite
zirka	about
zu	to/toward(s)/at/closed
zuallererst	first of all
zuallerletzt	last of all
zueinander	to one another
zuerst	first/at first
zugunsten	in favour of
zuletzt	last/in the end
zum	= zu dem
zumindest	at least
zunächst	first (of all)/at first
zurück	back
zusammen	together
zuvor	before
zwar	admittedly
zweifellos	undoubtedly
zweimal	twice
zweitens	secondly
zwischen	between/among (in crowd)
zwischendurch	in between/now and again